Eduard. Weede

Die Warheit

Eduard. Weede

Die Warheit

ISBN/EAN: 9783744653848

Hergestellt in Europa, USA, Kanada, Australien, Japan

Cover: Foto ©ninafisch / pixelio.de

Weitere Bücher finden Sie auf **www.hansebooks.com**

DIU WÂRHEIT,

eine

Reimpredigt aus dem 11. Jahrhundert.

Textbearbeitung

nebst

Darstellung der Sprache und Verskunst.

Inaugural-Dissertation

zur

Erlangung der Doctorwürde

der philosophischen Fakultät

der Christian-Albrechts-Universität zu Kiel

vorgelegt

von

Eduard Weede

aus Neustadt in Holstein.

1891/92 Nr. 1 2 imprimatur

Prof. J. Lehmann,

h. t. decanus.

Inhalt.

	Seite
I. Einleitung . . .	5
II. Text (mit Varianten)	9
III. Anmerkungen	16
IV. Über die Sprache des Gedichtes	29
1. Schreibung	29
2. Lautlehre.	32
a. Vokale	32
α. der Stammsilben . .	32
β. der nichtbetonten Silben .	34
b. Konsonanten	36
α. Gutturale	36
β. Dentale.	37
γ. Labiale.	37
δ. Sonstiges	38
3. Flexionslehre . . .	39
a. Deklination .	39
b. Konjugation	40
4. Zusammenstellung der dialektischen Merkmale	40
V. Versbau	44
1. Zahl der Verse .	44
2. Länge der Verse	44
3. Auftakt	45
4. Bau der Reimpaare	46
5. Folgerungen für die Textkritik	48
6. Dreireim und Waisen	50
7. Versgruppen.	52

8. Reim   52

  a. Stumpfer Reim   52

    α. Zwei Stammsilben reimen   52

    β. Eine Stammsilbe reimt mit einer Flexions-
silbe   54

    γ. Zwei Flexionssilben reimen .   55

  b. Klingender Reim   55

    α. Die Reimteile der vorletzten Silbe sind gleich   55

    β. Die Reimteile der vorletzten Silbe sind nicht
gleich .   56

  c. Rührender Reim . . .   59

  d. Allitteration der Reimwörter .   59

VI. Inhalt und Darstellung .   60

Druckfehler.

S. 10, Z. 8 v. u. l. [D]es (ohne Punkt dahinter)

„ „ „ 7 „ „ l. 6 Punkte (Raum für 6 Buchstaben) zwischen *iz* und *also*

„ 12, „ 12 „ „ l. 80 *ir ez* st. *es*

„ „ „ 2 „ „ l. *triwen.* (Punkt dahinter)

„ 13, „ 13 „ „ l. [W]*ir* (ohne Punkt)

„ „ „ 4 „ „ l. *buchen.* (Punkt dahinter)

„ 14, V. 154 l. *innerclichen*

„ 15, „ 169 l. *tegelich*

„ „ Z. 10 v. u. l. *fine* (ohne Punkt)

„ „ „ 2 „ „ l. *un an*; hinter

„ 18, Z. 11 „ „ l. *gesihte* st. *geihte*

„ 19, „ 11 „ „ l. 28 st. 25

„ 22, „ 4 v. o. l. *dise* st. *dize*

„ 23, „ 11 „ „ l. Es st. Er

„ 24, „ 21 v. u. l. Ich vermute: *w*

„ „ „ 5 „ „ l. *gedurftet noch*

„ 33, „ 14 v. o. l. *ie;* st. *ei;*

„ 34, „ 10 „ „ l. *tægeliche*

„ „ „ 12 v. u. l. einmal

„ „ „ 7 „ „ l. (got. *arbaiths*) 72. —

„ 36, „ 10 „ „ l. α. Gutturale.

„ 37, „ 10 v. o. l. im Anlaut *d: dievel*

„ 38, „ 5 „ „ l. *lib* 127):

„ „ „ 14 „ „ l. *muze* 67. 120;

„ 42, „ 15 v. u. l. die Formen der infl. sw. v.

„ 47, „ 3 „ „ l. kürzere (wenn

„ 51, „ 3 v. o. l. Moroltstrophe

„ 52, „ 1 „ „ l. Vgl. jedoch den u. s. w.

I. Einleitung.

Diu wârheit ist der Titel, den Scherer in seinen Schriften
»Geistliche Poeten der deutschen Kaiserzeit« Q F VII und »Ge-
schichte der deutschen Dichtung im elften und zwölften Jahr-
Ipunqert« QF XII (1875) den Versen gegeben hat, welche in
Diemers »Deutschen Gedichten des 11. und 12. Jahrhunderts«
S. 85–90 aus der bekannten Vorauer Sammelhandschrift geist-
licher Dichtungen 1849 veröffentlicht und von dem Herausgeber
als ein Teil der »Bücher Mosis« abgedruckt worden sind.

Diese Verse — in der Handschrift Spalte 96ª,34 bis
96d,42 — sind nach Diemers ausführlichen Angaben in der
Einleitung der »Gedichte« S. III f nicht von demselben Schreiber
geschrieben, von welchem fast der ganze poetische (deutsche)
Teil der Hds. herrührt. Während nämlich der Hauptteil nach
Diemer S. VI (Mitte) ca. 1170 in der uns vorliegenden Gestalt
geschrieben worden ist, sind einzelne kleinere Teile, nämlich die
Blätter 1 und 8 des 1. und 12. Quaternio, erst gegen Ende des
12. Jhdts. abgeschrieben (Diemer, Einl. S. V). Diese Abschrift
wurde vor dem Binden der ganzen Vorauer Hds. veranstaltet,
um die durch 20- bis 30-jährigen Gebrauch abgenutzten und
unleserlich gewordenen Blätter durch neue zu ersetzen. Auf
diese neuen Blätter wurden die Teile des Textes abgeschrieben,
welche auf den alten Blättern noch lesbar waren; an die Stelle
der nicht mehr lesbaren Schrift traten in der Abschrift entsprechend grosse Lücken. Den Anfertiger dieser Abschrift bezeichnet Diemer als den »vierten Schreiber« der Vorauer
Handschrift.

Es ist von vornherein anzunehmen, dass dieser Schreiber
von seiner Vorlage am häufigsten auf den äusseren Seiten der
Blätter, welche er abschrieb, im Stich gelassen worden sei, also
z. B. in Spalte 89ª, 89ᵇ, 96ᶜ, 96ᵈ. Damit stimmt, dass (bei

Diemer S. 40 und 41) die letzten 19 Zeilen von Sp. 89ᵃ und die ersten 6 von 89ᵇ in der Hds. unausgefüllt geblieben sind. Die letzte Seite dagegen mit den Spalten 96ᶜ und 96ᵈ zeigt keine grössere Lücke; nur einmal (96ᵈ 7 = Diemer 89,3) ist der Raum für beinahe eine ganze Zeile frei gelassen. Dafür finden wir aber auf dem hinteren Blatte eine Lücke, wo wir sie nicht erwartet hätten: Diemer 84, zwischen 9 und 10 (= 96ᵃ 10), also auf der Innenseite, hat der Schreiber den Raum für eine Zeile nicht beschrieben; er konnte offenbar nicht mehr lesen, was in seiner Vorlage, d. h. auf dem alten, vom ersten Schreiber geschriebenen Blatte, gestanden hatte. Wie konnte aber auf der geschützten Innenseite eines Blattes eine Stelle unleserlich werden — und noch dazu nicht etwa ein oder das andere Wort, sondern gleich eine ganze Zeile, genau abgemessen, nicht mehr und nicht weniger? Und dies ist die einzige grössere Lücke auf dem ganzen Blatt 96, abgesehen von der auf der Aussenseite fehlenden Zeile 89,3. Merkwürdig, dass auch da nur ungefähr eine Zeile fehlt, während der Schreiber doch alles vorher und nachher lesen konnte! Merkwürdig, dass beide Zeilen ziemlich oben auf der Seite gestanden haben: 96ᵃ, 10 und 96ᵈ, 7! Vielleicht sind die beiden Lücken zu einander in Beziehung zu bringen. 96ᵈ ist die Rückspalte von 96ᵃ: sollten etwa auch die beiden fehlenden Zeilen auf dem alten Blatte Antipoden gewesen sein und beim Ausschneiden eines Stückes aus dem Blatte einen gemeinsamen Untergang gefunden haben? Dass auf dem uns vorliegenden Blatte die eine Zeile die 10., die andere die 7. von oben ist, erklärt sich daraus, dass der neue Schreiber enger schrieb als der alte (nach Ausweis von Diemers Nachbildungen etwa 45 : 42 Grundstriche) und sich gern der Abkürzungszeichen bediente *(vᵉ = ver*, *ūn = unde)*, welche der erste nicht gebraucht hatte; dadurch konnte er leicht in 3 Spalten 2 bis 3 Zeilen gewinnen. Ausserdem ist es nicht undenkbar, dass auf der Rückseite des Blattes, 96ᶜ und 96ᵈ, die obersten Reihen eine Zeile tiefer standen, als auf der Vorderseite. Angenommen nun, die beiden Zeilen seien auf dieselbe Weise verschwunden: wie erklärt es sich dann, dass der jüngere Schreiber 89,3 die Lücke nicht die ganze Seite einnehmen liess, sondern noch ein Wort, und zwar am Ende, hineinsetzte? Jedesfalls war auf dem alten Blatte die Zeile nicht ganz herausgeschnitten, sondern das letzte Wort war stehen geblieben. Das konnte immerhin angehen: wie in der Höhe um eine Zeile, so konnte der beschriebene Raum eines Blattes auf Vor- und Rückseite in der Breite um die Länge eines Wortes variieren. Wir erklären also das Stehenbleiben des Wortes *idoch* daraus, dass auf der Rückseite von Bl. 96 die Schrift dem Rücken des Bandes (resp. dem Heftfaden des Quaternio) um 5–6 Buchstaben näher stand als auf der vorderen Seite. Da auf der Vorderseite eine ganze Reihe von der Lücke weggenommen war und die Reihen doch so ziemlich überall gleich lang anzunehmen sind, so musste natürlich auf der äusseren Seite des Blattes die Lücke sich auf 5 oder 6 Buchstaben weit über den Raum vor dem beschriebenen Theile der Spalte 96 erstrecken; sie verlief hier aber unschädlich, da sie nur den Trennungsstrich zwischen den beiden Spalten und das Spatium zu beiden Seiten desselben traf.

Steht nun fest, dass das Fehlen der beiden Verse 84,9 und 89,3 (= 144) auf das Vorhandensein einer Lücke in dem alten Blatte zurückgeht, so ist damit auch bewiesen, dass der neue Schreiber sich streng an seine Vorlage gehalten hat, und dass auf dem alten Blatte bereits die Geschichte des Balaam, die unserem Gedichte unmittelbar voraufgeht, so plötzlich abbrach; dass also unser Gedicht schon um 1170 einen Teil der Vorauer Hs. ausmachte. Jedesfalls ist der — aus äusseren Gründen naheliegenden — Vermutung der Boden entzogen, dass der neue Schreiber (ca. 1200) es war, der den »Balaam« ohne weiteres liegen liess, weil er wahrscheinlich den Schluss desselben in der Vorlage nicht mehr lesen konnte, und dass er dann, um den leeren Raum zu füllen, sich ein seiner Länge nach passendes Gedicht aus den mancherlei vorliegenden geistlichen Dichtungen aussuchte und abschrieb. Dass der Schreiber nicht selbst der Dichter sein kann, ist aus der vorliegenden Schreibung und dem Reime leicht erkennbar. —————

Um die Lesarten der Handschrift festzustellen, habe ich ausser der Ausgabe Diemers die Angaben Pipers benutzt, der die Resultate einer neuen Vergleichung der Vorauer Hds. in der Ztschr. f. d. Philol. XX 257 ff. 1887 veröffentlichte.

Bei der Herstellung des Textes habe ich in der Sprache beseitigt, was ohne Zweifel auf Rechnung des letzten Schreibers kommt: die *ei* für *î, ai ai* für *ei, ou* für *û;* ausserdem, was sonst durch Versehen des Schreibers hineingekommen ist. Den Stand der Lautverschiebung und der Konsonantenverdoppelung habe ich nach der Hds. wiedergegeben. In den Endungen habe ich die alten vollen Formen oder die der Übergangszeit nur da hergestellt, wo sie der Reim fordert. Mit grösserer Freiheit bin ich verfahren, wo es sich darum handelte, die zwei Verse eines Reimpaares auf die gleiche Hebungszahl zu bringen; in solchen Fällen habe ich öfters eine entbehrliche Partikel, ein nichtssagendes Adjektiv oder eine überflüssige adverbiale Bestimmung als mutmasslichen Schreiberzusatz gestrichen. Die Berechtigung solcher Änderungen glaube ich Kapitel V nachgewiesen zu haben; eine vollständige Aufzählung aller derartigen Abweichungen von der Hds. findet sich im fünften Abschnitt desselben. Im ganzen habe ich mich bemüht, die Herstellung einer geniessbaren Form mit dem Festhalten an der Überlieferung zu vereinigen; freilich ist das oft recht schwer gemacht.

Unter dem hergestellten Text finden sich die Abweichungen der Hds. von demselben verzeichnet; daneben sind die Konjecturen Diemers und Haupts angeführt.

II. Text.

85, 4 Nu wil ich bitten den got,
der von den juden wart gemarterot,
daz mir verlihe den sin,
daz ich muozze chundin
den armen unde den rîchen   5
die chunft freislîche,
10 den jungen joh den alten,
waz uns ist behalten,
wâ wir uns sulen enden.
wir sìn in dem ellende;   10
unser heimôt ist uns ungewis.
darìn helfe uns der heilige christ!

15 Daz himelrìch ist diu heimôt;
diu helle ist der êwige tôt.
diu genâde ist daz paradìse;   15
dar werdent alle die gewîset,
diez umbe got verdienint.
die anderen chêrint
vil vreislîche
20 in daz tieffe hellewîze;   20
da sulen si wesen inne
mit vil micheler grimme
beidiu naht unde tach,
als der .tievil wol geleistin mach,
immer ân ente.   25
daz ist das ellente.

---

1 Das *N* fehlt in der Hs. Piper. 2 *iuden*, Diemer *iuden* 5 *under
den*, Diemer *unde* 6 *di* 6 *fraiſliche* 8 *was* 9 Diemer Anm.:
wa wir ſulen 13 . *az*, Diemer [*D*]*az* 13 *unſer heimot* 15 *para-
diſus* 16 *di* 17 *die daz* 17 *verdienent* 18f *di anderen uil
ureiſliche cherint.* 22 *grime*, Diemer: l. *grimme* 24 *tieuil uil wol*

85, 25   Des bewart iuch, vil lieben!
ine wil iu niht liegen.
iz gehîte alsô werde
der himel zuo der erde: 30
86, 1   die gewunnen ensamet ein kint,
des alliu disiu lant sint,
einen vil heiligen sun;
der lôst uns von der helle grunt.
mit sìnen finf wunten   ·35
5 virtilget er unser sunten.
er gab uns bêdiu liebes
unde leides,
ubeles unde guotes,
swederes uns wurde ze muote.   40
ouch hât er uns geheizzen
— daz wil er wâr lâzzen —:.
10 gevalle wir wider an den tôt,
er ne werde nimmer mêr
durich uns gemarterot.   45

Nu muget ir wænen, daz ich tobe,
wande ich iu daz leit lobe.
swer sô lieb leidet,
15 leider er danne scheidet.
alsô mach mir sîn: 50
ich lobe iu unseren trehtîn
unde leide iu den dievel.
er ist âne zwîvel
ein rehter lugenære;
lât in iu sîn umm ære!   55

---

27 . es, Diemer: [D]es. 27 *mine uil liebe.* 28 Diemer:
i[*ch*] *ne.* 28 *wiL* 29 *iz* ..... *also,* Diemer: *iz gehîte also*
30 *hiemel zu,* Diemer: *himel zu* 31 *gewnnen* 34 *hellegrut.* 35 *finf*
wnden. 36 *funt* ., Diemer: *funten.* 37 *libes.* 40 *wrde* 41 *ge-*
hæizzen. 44 zwischen *mer* und *durich* kein Verstrennungspunkt.
46 . *v,* Diemer: [*N*]*u* 48f. *lieb leidet leider ungerne* 52 *iv*
dievel ., Diemer: *iv den dievel.* 53 *zviuel* 54 *lugener* ., Diemer:
lugener[*e*]. 55 *lât* 55 *ummere*

86   ich sage iu daz ze wâre:
     welt ir iuch zuo ime kêren
20 unde ervolt ir sînen willen,
     er frumt iuch in die helle.

     Des warne ich iuch minnichlîche.   60
     daz gebiutet mir Christ der rîche
     unde ladet iuch wider ze lande.
25 nemit bilde bî dem waldel
     er ist vil schône unde breit:
     ir sît iuwers muotes vil gemeit;   65
     er nist iedoch nie sô lanch noch grôz,
     er muoze der tolden werden blôz;
87, 1 er wirt âne wurzen unde saf.
     des gehuget, die wîl ir habet chraft!
     vart ir ze der helle, deist mir leit.   70
     swer dumben herfet,
     der vliuset sîn arebeit;
5 swer sô winchet dem plinten,
     der verliuset sîne stunde.
     behuotet iuch bî disen zîten;   75
     ir muget lîhte ze lange bîten.
     bîtet ir sô lange,
     unze ir mit dem grimmen tôde
10 werdet bevangen:

56 *ev*, früher *iv*, Haupt: l. *ivch* [Moriz Haupt schickte aus Leipzig dem Herausgeber Diemer seine Noten zu den Aushängebogen des 1. Teiles noch vor Beendigung der ganzen Arbeit, zwischen 1841 und 1849.] 57 *wolt* (*o* aus *e* korrigiert). 57 *noch* (das *no* durchstrichen) *zu ime* 58 nach *willen* fehlt der Verstrennungspunkt. 59 *frumt* nach Piper, *frum&* nach Diemer. 60 . *es*, Diemer: [*D*]*es* 64 *unde uil breit* 65 *iwers M̊vtes* ·66 *er ne iſt idoch* 66 *ſo lanch noch so grôz.* 67 *mvze ze ivngeſte ſinèr tolden* 68 *ane wrzen vnde ane ſaf.* 69 *gehuget wol die wil ir habet iwer chraft.* 70 *daz iſt mir* 71 f. hinter *herfct* kein Verstrennungspunkt. 72 *fluſet* 74 hinter *uerlivset* ein Verstrennungspunkt. 75 *iuch dizzeſèn* (*zze* durchstrichen) *churcen citen.* Diemer Anm.: *in disen?* oder *behaltet ivch dise kurze zît* 78f. hinter *todc* kein Verstrennungspunkt

87   sô irz denne gerne tætet,   80
sô sît ir ze spæte.
Waz mach ich reden mêre?
en welt ir iuch niht bechêren,
sô wirt vil lihte,
daz ir mit al gerihte   85
des tôdes muozzet bechoren;
15 sô sît ir iemer verloren
an der armen sêle,
geswîchet ir dem hêrren,
der iuch mit sînem bluote choufte   90
unde iu die missetât abvloucte.
in dem Jordâne
wurde wir ze wâre
20 alle frîge gezalt.
er holte uns ûz der helle   95
mit sînem gewalt.
daz bedenc h wir vil liebe
in dem sinne:
iz engetet nie dehein chint
durich sînes vaters willen,   100
deiz sich lieze chollen,
25 noch der vater durich sînen sun.
nu lônet im mit triuwun!
noch wirt ein tach,
deiz uns wol gefrumen mach;   105
hab wir im iht gedienot,
88, 1 des wirt uns gelônot.

---

80 *ir es denne uil gerne* 81 *fpête* 82 . *az* (das *w* hier wie
108, *d* 128 und 157, *n* 141 in kleiner Schrift vor dem Zwischen-
raum seiner und der vorgehenden Zeile an den Rand gesetzt),
Diemer: [*H*]*az* 82 *ir reden,* Diemer: *ich reden* 83 *ne welt* 84 *wir
uil,* Diemer: *wir*[*l*] *uil* 86 *des grimmen todes* 87 *immer mere
v°loren.* 90 *blu°te . chv°fte.* 91 *vn iv di* 91 *abflofte* (ein Punkt
über und unter dem zweiten *f*). 93 *wrde* 94 *frîge,* Diemer
Anm.: l. *frî gezalt?.* O Erdmann macht mich aufmerksam auf
die Möglichkeit, hier *gezalte* und 96 *gewalte* zu schreiben. 95
ovz; hinter *helle* kein Verstrennungspunkt. 97 *daf*; hinter
liebe kein Verstrennungspunkt. 101 *daz ez fich* 103 *triwen*
104 hinter *tach* kein Verstrennungspunkt. 105 *daz iz uns*

Wir sîn freislîche wunt.
wir sulen wider sâ ze stunt
gâhen vil harte   110
zuo unserem êwarte.
unser wunde sul wir lâzen sehen,
5 unser grôzer sunde verjehen.
er vindet uns die strâlen,
da wir mit gescozen wâren.   115
belîbet si darinne,
sô wir die wunde gewinnen,
sône chan si nimmer enhein man
10 mit sînen sinnen geheilan:
sô muoze wir siechen immer mê.   120
daz muge wir bewaren allez ê.
von diu bitte wir uns suochen
die arzât an den buochen,
15 diu getranch ouch die binden.
wie gereit wir got vinden,   125
sô heilet er uns, mîn vil lieben,
sô muge wir den êwigen lîb verdienen.

Der êwige lîp derst sô getân:
20 dâ nemach daz wîp noch den man
gehungeren noch gedurstin,   130
gejâmeren noch gevriesin.
vil wol sint si behuotet

---

108 . *ir* (das *w* am Rande vorgeschrieben in derselben
Weise wie 82), Diemer: [W]*ir*. 108 *frœiſliche wnt*. 111 *zv*
111 *ewart* . nach Piper, Diemer *erwart*[*e*] und in den Anm.: l.
êwarten Haupt Druckf. [soll wohl heissen: Haupt hält *erwart*
für einen Druckfehler und liest *êwarten*]. 112 *unſer ſunde* (*ſu*
durchstrichen) 112 *wir in lazen* 113 *v^sgehen*. 116 Diemer
Anmerk: *belibet* so, vielleicht *belibent*; Haupt ebda.: *belibent* zu
schreiben ist gar kein Grund, da *ſtralen* auch acc. sg. ist.
116 hinter *dar inne* kein Verstrennungspunkt. 117 *wnden gewinen* ., Diemer *gewin*[*n*]*en*. 118 *chan kan si* 118 *enhæin*
119 *gehailen*. 121 *allez. ê*. 122f. *bite wir uns an den buchen,
die arzat ſuchen*. 125 *got danne uinden*. 126 *hailet* 127 *ewgen*
128 . *er* (das *d* an den Rand geschrieben wie 82 das *w*); Diemer:
[D]*er*. 128 *der iſt* 130 *gehung^sen* 130 *gedurſten*. 132 *behutet*.

vor aller slahte nôten.
engelin sint si anelîch,
immer unsuntlîch;   135
25 mit allen genâden sint si behuot.
ze himele kêr wir noch unseren muot
nâch unser aller heile
unde erwerin uns der helle
vor dem urteile.   140

89, 1 Nu furhte ich eines valles
uber uns sunter alle.
der sculdege der scamt sich
. . . .
iedoch sol sich nehein man   145
5 ze harte missetrôstan.
wil er sîn haben rât,
er vindet einen arzât,
der im heilit sîne wunden
unde in machet wol gesunden.   150
diu buoch sagent uns für wâr,
daz niemens sunde sîn sô swâr;
10 wil er sich lâzen riuwen
mit innerclichen triuwen,
got der ist so genædich,   155
er verlîhet im den êwigen lîp.

Daz liet heizet diu wârheit.
daz ist dem tievel sô leit,
15 swâ erz hôret singen oder sagen,
oder dehein rede von gote haben.   160
war tuo wir arme unsern sin?
jâ gescuof uns mîn trehtin.

133 *alrflaht* 134 *ſin ſi* 137 *zi* 141 . *u* (das *n* an den
Rand geschrieben wie 82 das *w*), Diemer: [*N*]*u* 144 Der Raum
für diesen Vers ist in der Hs. freigelassen; in der betr. Zeile
ist nur das Schlusswort *idoch* erhalten, das erste Wort des
nächsten Verses. 145 *idoch* 146 *miſſetroſten* 148 *uindet* 149
wnden. 150 *vn* 152 *ſwære.* 153 *riwen.* ' 154 *inerclichen triwen.* 155 *genedich* – hinter *genedich* kein Verstrennungspunkt.
156 *vᵉlihet* 157 . *az* (das *d* an den Rand geschrieben, vgl. 82).
Diemer: [*D*]*az* 158 *de* 159 *er daz* 159 *odᵇ* 160 *none gote*
162 *geſuf* (d. h. *geſhuf;* vgl. 5,5 Anm.: ›*geſufe* lies *geſhufe*

89   war dench wir, vil lieben,
       daz er uns alle tage dienet
       mit weter joch mit winde   165
20   als der vater sînem kinde?
       wolt wir ims getriuwen,
       er gebuozt uns unser riuwen
       unde gæbe uns unser tegelich bròt
       unde gebuozt uns alle unser nôt.   170
       jà dienet uns allez, daz dir ist,
25   ligendez unde lebendiz;
       diu mænin joch der sunne
       die liuhtent uns mit wunnen;
       der tach chumt, als ez got gebót;   175
       sich frout der mensch, daz er ist gesunt.

90, 1   Ich wæne, ez ie wart,
       sît daz Adâm erstarp,
       daz alsô manech wîp unt man
       wider got haben getân   180
       an ir selbes libe
       — des sulen si nôt lîden —,
5   an ir gewant unde an ir hàre
       unde an ir geschuode ze wâre.
       daz tunchet mich ubele getàn. —   185
       des ràtes wil ich abegân.
       `vil michel jàmer muoz mich hàn,
       daz also maneger muoter barn
10   in die helle sol varn!

Haupt. *ſ* steht oft für *ſc* oder *ſh* [14 Beispiele werden aus den Gedd. angeführt]« Diemer). 162 *træhtin.* 165 *mit wint.* 166 *ſine.* 167 *getriwen.* 168 *rew . en.* ·169 *un gebe uns daz tægeliche brot.* 170 *un gebuzte uns,* Diemer: »*gebŭzt,* wenn nicht, dem vorangehenden impf. conj. *gebe* gemäss, eher *gebüeze* zu lesen.« 171 *alles* 172 *un lebendez.* 173 *dˢ ſune* ., Diemer *ſun[n]e.* 174 *di livcten,* Diemer Anm.: *livcten = livchten.* 174 *wnnen.* 175 *hvmt uns als iz,* Diemer: *chomt,* aber Diemer Anm.: »*hvmt* der Hs. ergiebt *chvmt.* Druckf.« 177 . *ch.* Diemer: [*Ĩ]ch* 177 *wænez* 179 »*vn* aus *w* corr.« Piper. 180 *wid*ˢ 181 *ſebes,* Diemer: *ſe[l] bes* 181 *liebe.,* Haupt: l.*libe.* 182 *ſi di not leiden.* 183 *un an* hinter *hare* kein Verstrennungspunkt. 189 *varn .;*

III. Anmerkungen.

1–4. Diemer vergleicht Fdgr. I 152,7 (Görlitzer Evangelien-harmonie): *Nv geb vns got die finne. daz wir für bringen von* . . . . .
3. *daz mir uerlihe den fin.* Grimm Gramm. IV. 209: »Den nicht optativen eigentlichen conjunctiv setzt die ahd. sprache, gleich dem ind., häufig o h n e p r o n o m e n. ein hauptfall ist, wenn nach den wörtern sagen, wähnen, künden, bitten und ähnlichen die conjunction *daz* unterdrückt wird und der blosse conjunctiv folgt, z. b. O. III 12, 13 *quedent sum giwâro,* (dass du) *Hêlîas sîs ther mâro.*« Daneben giebt Grimm Beispiele, wo — in ähnlichem Zusammenhange — die Konjunktion *daz* er-halten ist und nur das Pronomen fehlt: O. II 22, 1 *Ni mag thaz man duan nihein, thaz thiono hêreren zuein**). O. III 20,6 *sie fram sô suntig wârin, thaz sulîh kind gibârin.* In diesen Fällen ist das im Nebensatze ausgelassene Subjektwort dem Sinne nach dasselbe wie im Hauptsatze; ebenso in vielen Stellen der »Gedichte«, welche Diemer Anm. 28,7 zusammenstellt, z. B. 254,5 *der antwurte ime fa. daz* [er] *uile gerne fâhe . . .* 133,17 *der chunich fiv du innen brâhte, . . . daz* [er] *elliv div lant wolde bedvingen.* Es giebt aber auch Beispiele, in welchen das fehlende Subjekt-Pronomen des *daz*-Satzes n i c h t das Sub-jekt des Hauptsatzes vertritt. Aus Otfrid freilich habe ich dieselben nur in der Form angeführt gefunden (Erdmann, GS. § 5), dass auch die Konjunktion *daz* fehlt, z. B. IV 20, 17 *quâdun* (scil. die Ankläger Christi), *sih bihiazi* (scil. Christus). Da aber in den oben angeführten Beispielen für Verbindung eines Haupt-und eines *daz*-Satzes mit demselben Sinnsubjekt Fälle mit und ohne *daz* neben einander hergehen und die letzten für die

---

*) Erdmann, Otfrid - Ausg., Anm. z. d. St.: »*man* auch für den 2. Satz Subjekt.«

Beispiele, von denen hier die Rede ist, aus den »Gedichten«
von Diemer Anm. 28,7 wiederholt belegt sind, z. B. 243,22
er fprach daz (scil. sie) *ware. ein gemeineu fundarin*; 268,2
(scil. sie) *fagete in zwâre. daz* (scil. er) *erftanden wârc*, so ist
das Fehlen des Pronomens *er* auch an unserer Stelle genügend
entschuldigt.

9. *uns fulen enden.* Auf ein persönliches Subjekt bezogen
findet sich das Reflexivum *sich enden* im mhd. Wb. nicht; man
vergleiche aber *danne endit unfir ungemach* Fdgr. II 137,9
mit *endet sich mîn ungemach* Walth. 110,9. Ich stimme deshalb
Diemer nicht bei, der (Anm. z. d. St.) schreiben will: *wa wir
fulen.*

10 ff. Vgl. O. V 23, 99 ff. *Ilemês io hinana, wir fuarun
leidôr thanana fon paradîses henti in suâraz elilenti; fon himil-
rîches suazî in jâmarlichaz wîzi, in thiz irthisga dal, firlurun
garo genaz al.*

13. Scherer Q F VII 54 vermutet hier Entlehnung aus
Ezzo 27,11 (= Diemer, Gedd. 329,20) *himelrîche ist unser
heimuot.*

13 ff. Es werden zunächst in je einem Verse Himmel und
Hölle einander gegenüber gestellt (13 und 14) und dann unter
abermaliger Erwähnung und Bestimmung der beiden Begriffe
ihre zukünftigen Bewohner geschieden (15-17 und 18 ff.)

15. *div genade ift daz paradifus) genâde* ist hier himm-
lische Glückseligkeit, fast so viel wie *himelrîche.* Vgl. Diemer,
Gen. u Exod. 45,11 (von denen, die in Abrahams Schosse
sitzen): *die nehôrent gebæge, die fehent niwan genâde*; ferner
ebda. 45,2 (von Abrahams Tode) *do mufe er leiften die uart,
div unf allen ift gefpart: fîn leben do ein ende nam, div fele
ze genâden chwam*; schliesslich ebd. 10,24 (Gott wollte, dass der
Mensch nicht stürbe) *unde fure ane chwale ze den himelifchen
genaden.*

daz paradifus) Scherer Q F VII 54 weist auf den Mangel
an lateinischen Worten in der »Wahrheit« hin und fügt hinzu:
»denn das *paradifus* 85,16 ist durch Artikel und Reim *(gewiset)*
verdächtigt genug.« Die gewöhnliche Form des Wortes im ahd.
ist das neutrale *paradis* oder *paradisi, pardisi*; daraus mhd.
paradis oder *paradise.* Ich setze das letzte ein.

19f. Diemer schreibt in der Anmerkung: »Nach *helle wize*

fehlt der entsprechende Reim; vielleicht passt *da sulen si |uil gewisse. iemer] wesen inne.*‹ Wir brauchen hier nicht erst Ausfall mehrerer Wörter anzunehmen, da wir mit der im hergestellten Texte von mir bezeichneten Umstellung auskommen. Über den viersilbigen Vers *vil vreisliche* vgl. Abschn. V 2.

20. Diemer, Anm.: vgl. 363, 24-26 (himml. Jerus.): *hart belanget siv da ze wesen in deme helle wîze. ê man die porte enslîze.*

25. Diemer Anm. *immer ân cnte)* 351,4 (Lobl. auf d. heil. Geist) *da wonent si ieme[r] ân ende.*

28. Diemer, Anm.: *ine = ich ne,* ebenso 306,18 (Lobl auf Maria) *ine getrupte mine muter;* gewöhnliche Kontraktion.

29. Diemer Anm.: ein offener Raum für etwa sechs Buchstaben mitten in der Zeile. Siehe Fdgr. I 141,38 (Görlitzer Evangelienharmonie, von der Empfängnis Mariae): *do gehirte* (lies *gehiete) der himel zů der erde.* II 143,25 = M S D XXXIX 7,1 (Melker Marienlied): *Do gehît ime so werde der himel zů der erde.,* dann in der Hs. Blatt 115ᵈ,13 (= 231,2 vom Leben Jesu): *do gihite der himel zu der erde* und 128ᵈ am Ende (= 323,18 = M S D XXXI 9,2 [Ezzos-Gesang]): *der himel was ze der erde gehiht.*

Diemers Einsetzung von *gehîte* ist ohne Zweifel richtig. An dem überlieferten *also werde* habe ich festgehalten, obwohl das Melker Marienlied an der fast wörtlich der unsrigen gleichen Stelle M S D XXXIX 7,1.2 bietet: *ime sô werde,* und obwohl Haupt zu Neidhard 98,20 ca. 12 Beispiele anführt für die Verbindung der Wendungen *sô werde* und *sô leide* mit dem Dativ eines auf das Subjekt hindeutenden Pronomens, z. B. Hartmann, vom Glauben 323 *wan daz got von nihte machete geihte der vier clementô ime selben also werde.* Ohne das *ime* ist hier das einfache *werde* = herrlich, stattlich sehr gut am Platze.

Scherer Q F VII 54: ›85,26 ein Ezzonischer Gedanke, aber bei Ezzo steht 9,2 . . . *was* . . . *gehît:* die hier vorliegende Ausprägung des Gedankens ist fast wörtlich die des Melker Marienliedes.‹ — Müllenhoff, M S D² S. 385 (über Ezzos Gesang): ›Es war ohne Zweifel ein sehr berühmtes und bekanntes Gedicht: die Verfasser . . . . der Wahrheit benutzten, wie es scheint, Verse daraus.‹

32. Scherer Q F VII 54: ›Ezzo ist doch benutzt: 86,1

wörtlich aus Ezzo 8,1 f« (= Vier Evangelien 323, 7-9): *Dô wart geboren ein chint, des elliv difiv lant fint.*

36. *virtilget er*) *virtilget* ist, wie auch *loft* V 34 praet.; das verlangt der Parallelismus zu *gab* V 37 und der Sinn: damals als er die fünf Wunden erhielt, löste er uns und vertilgte er unsre Sünden. Vgl. auch 92 ff *in dem Jordâne wurde wir ze wâre alle frîge gezalt.* — Das Fehlen des Schluss-*e* in den vorliegenden Formen erklärt sich aus der grossen Verbreitung der Apokope in unserem Denkmal; vgl. die Lautlehre.

37 ff. *lîbes unde leides* u. s. w.) Der Genetiv als partitiv gefasstes Objekt bei *geban;* ebenso O II 14, 15 *gib mir thes drinkannes.* Vgl. Erdmann O S II § 208.

40. *Swederes uns wrde ze mùte) mir ist ze muote eines dinges* »ich bin willens, etwas zu thun« z. B. *des was mir ie ze muote, daz ich es hete gerne dich gefrâget* Barl. 27,4 (ich hatte immer den Wunsch); *mir wirt ze muote* »ich beschliesse« z. B. *dô wart ime ze mute, daz er mit der sinulute die werlt wolte fliesen* Genesis Fdgr. II 27,4. Etwas Ähnliches ist noch heute im bairischen Dialekt gebräuchlich, z. B. *I hêds ja umsunst net Muet, wal me de Troi wol tued*« Schmeller, bayer. Wb. I 1695.

41 f. vgl. Diemer, Gen. u. Exod. 134,34 *swaz ich hân geheizzen, daz wil ich wâr lâzzen* »Was ich verheissen habe, will ich erfüllen.« Diemer führt Anm. zu Gedd. 329,3 eine Reihe von Beispielen für *wâr lâzzen* = erfüllen an.

44 f. vgl. Diemer Gedd. 100, 27. 28 (von Christus, dem Haupte der Christenheit) *erni wil uurdir nich(t) irfterbin. uoni duv soni mag zuifchiligu douffi werdin.* Diemer. — Anm. 100,27 führt Diemer noch an: Hoffmann, über das deutsche Kirchenlied, Breslau 1832 S. 25: *damit lôfle er die kristenheit Von der hcizen helle; er getuot ez niemer mêre, daz gedenke fwer fo welle.* und Mariens Himmelfahrt V. 188 ff. in Haupts Ztschr. V 520 *iz stribet* [l.*stirbet*] *nieman mê dorch vns, der vns lôse alsô dvre.*

46 ff. Diese nicht ganz leichte Stelle findet ihre Erklärung durch einen Hinweis auf die vorhergehenden Worte 37 ff.:

> *er gab uns bêdiu liebes*
> *unde leides,*
> *ubeles unde guotes,*
> *swederes uns wurde ze muote,*

in welchen der Parallelismus der Worte *liebes: ubeles* und *leides: guotes* genau zu beachten ist. Aus der Stellung dieser Worte dürfen wir auf eine Verwandtschaft des Sinnes zwischen *liebes* und *ubeles*, *leides* und *guotes* schliessen, und eine solche Verwandtschaft ergiebt sich ungezwungen aus den religiösen Anschauungen jener Zeit, für welche das Angenehme (*liep*), die Freuden der Welt, mit dem Moralisch-Bösen (*ubel*) identisch waren, während Trübsal (*leit*) und Entsagung dem asketischen Geiste der Religionslehre für das Wahrhaft-Segenbringende (*guot*) galt. Diese Anschauung finden wir auch in anderen deutschen Denkmälern jener Zeit vertreten; man vgl. O. V 23,5 ff, *Wio wunnosamo guatî joh minna sô gimuati thar untar thên ist iamêr, bî thaz hiar thultent thaz sêr; wie thâr thio fruma niezent, thie hiar thia sunta riezent!*

Dem gemeinen Verstande musste freilich eine solche Gleichsetzung von angenehm und böse, von Leid und gut wunderbar erscheinen, und an diesen wendet sich der Dichter mit den Worten V 46 ff.: *Nu muget ir warnen, daz ich tobe.* Er hebt hervor, dass er sich sehr wohl bewusst sei, er könne das Schicksal derjenigen teilen (*also mach mir sîn*), die einem andern die Quelle seiner Freuden verschliessen (V. 48) und beim Abschied den Hass desselben mit sich nehmen (V. 49). Das solle ihn aber nicht abhalten, das wahrhaft Gute, die Nachfolge Christi, seinen Zuhörern zu empfehlen und ihnen das Böse, den Dienst des Teufels, zu verleiden (V. 50 ff.).

V. 49 ist in der Fassung der Hs. zu lang; vermutlich ist *ungerne* ein Glossem zu der Form des prädikativen Adjektivs *leider*. Es ist hier um so weniger an seiner Stelle, als es den Sinn jenes Adjektivs keineswegs richtig wiedergiebt: *ungerne* hat aktive, *leider*, d. h. »verleidet«, passive Bedeutung.

Die starke Form des Adjektivs finden wir in ganz ähnlicher Weise prädikativ gebraucht z. B. Walth. 104,30 ff. *ich nam dâ wazzer: alsô nazzer muost ich von des münches tische scheiden.*[*])

57. *wolt ir [no]ch zu ime keren*) Der Strich durch das *no* gilt nicht mit für das *ch*. Haupt hat Recht, wenn er annimmt, dass *ivch* in der Vorlage gestanden habe; vgl. *got kêrte sich hine zuo deme wîbe* Diemer Gedd. 9, 1. In dieser Be-

---

*) Zu der hier gegebenen Erklärung dieser Stelle bin ich nach verschiedenen abweichenden Versuchen durch einen Hinweis geführt, den ich der Güte des Herrn Prof. Erdmann verdanke.

deutung »sich einem zuwenden« ist das intrans. *kêren* im mhd.
Wb. gar nicht belegt; es heisst gewöhnlich »umkehren«.
Diemer Anm.: Diese Stelle erinnert unwillkürlich an jene
im Pfaffenleben 517 ff. Altd. Bll. I 230 *Die chêrent in die helle:
des bedouch sih enzît, der in niht volgen welle.*

65. *ir fit iwers Mvtes uil gemeit) iuwers muotes* ist der
Genetiv, der in freierer Weise die Beziehung ausdrückt, in welcher
das regierende Wort (hier *gemeit*) gilt. Vgl. Paul mhd. Gr.[2]
§ 266 mit den Beispielen, z. B. Hartm. Greg. 1464 *du bifl* . .
des muotes niht ein klosterman. Aus Otfrid finden sich die Beispiele gesammelt Erdmann O. S. II § 218, z. B. *wir iamer frô
sin muates.*

66 f. *er ne ifl idoch nie fo lanch noch so grôz . er mvze . . .
werden blôz.)* Der blosse Konjunktiv (*muoze*) ist in dieser Verbindung. aussergewöhnlich; in der Regel steht der Konjunktiv
mit der Negation *ne-, en-* oder der blosse Ind. Der Konjunktiv
ohne Negation findet sich in ähnlicher Weise vereinzelt nach
Verben mit negativer und prohibitiver Bedeutung. Vgl. Erdmann G. S. I § 193 mhd., 2[c]: *Dieterich des nicht neliez, her
quême mit sînin mannen.* Rother 2378.

67. *finer tolden) tolde* heisst der Wipfel, die Krone eines
Baumes oder überhaupt einer Pflanze. Diemer Anm. bringt
einen Beleg aus dem Wartburgkriege MSH III 181[b] *sin
wurzel* [des Baumes] *kan der helle grunt erlangen. sin tolde
rüeret an den trôn. dâ der süeze got bescheidet vriunde lôn.*
Auch Wolfram gebraucht das Wort Parz. 3, 162,21 *ouch gap
der linden tolde ir schaten.* Beispiele aus neuerer Zeit finden
sich bei Schmeller, bair. Wb. I 366.

70. *daz ifl).* Ich habe *deist* geschrieben. Vgl. (in einem
bairischen Denkmal aus dem XI/XII Jh.) *deiz* = *daz iz* Merigarto
2,59 (Braune Lb. S. 146) = MSD XXXII 2,58.

71 ff. Die vier Verse 71—74 enthalten sprichwörtliche
Redensarten; *herpfen* oder *harpfen* »auf der Harfe spielen«
findet sich in ähnlichem Zusammenhange bei Vrîdanc 127,1
mich dunket niht, daz ieman süle ze lange harpfen in der müle.

Eine andre verwandte Stelle aus demselben Werke vergleicht Diemer Anm.: Vrid. 54,22 *swer blinden winket, der ifl
ein gouch . mit flummen rûnet, derfl ez ouch.*

71 *dumben) tump* heisst überhaupt »schwach von Sinnen«.

Das mhd. Wb. III 129,1 und Graff V 425,1 bringen auch die
Bedeutung »taub«, aber ohne sichere Belege.

75. *behv̊tet iuch di[zze]ſen churcen citen.*) Diemer schreibt
in der Anmerkung: »*in diſen?* oder *behaltet ivch dize kurze
zît.*« Der andre Reimvers hat 5 Hebungen (d. h. 4 mit klingendem Schluss); *in diſen* würde den an sich schon zu langen Vers
noch länger machen. — *dise kurze zît* (im pl. wird *zît* niemals
ohne Praeposition gebraucht) kann nur heissen »diese kurze Zeit
(d. h. dieses kurze Leben) hindurch,« während die Reue und
Busse, die Umkehr zu Christus, doch der Entschluss eines Augen-
blickes ist.

Ich halte an dem dat. pl. der Hs. fest, indem ich eine
Praeposition (*bî*) vorsetze, muss dafür aber wieder etwas streichen.
Das vom Schreiber verbesserte *diſen* zu tilgen ist misslich;
ich streiche deshalb das *churcen* als Zusatz des Schreibers: *bî
disen ziten* ergiebt den hier notwendigen Begriff »bei Lebzeiten«
oder »in dieser Zeit«, »in diesem Augenblick«, was vielleicht noch
mehr dem Gedanken des Dichters entspricht.

81. *ſpête*) ist Adjektiv. — Diemer Anm.: vgl. 287,25
(Vom jüngsten Gericht) *ſo iſt ze ſpâte diu riwe.* 310,9 (Lob-
lied auf Maria) *ſo ſûftent ſi al ze ſpâte.*

85. *mit al gerihte*) *gerihte* st. f. ahd. *garihtî* (Graff II
417) »gerade Strasse« »gerade Richtung«; meist mit *in* verbunden: *in girihti* (z. B. Diemer 168,4); gewöhnlich durch *al*
verstärkt und, wie es scheint, nur von der Zeit gebraucht:
»alsbald« »sogleich« z. B. *der heilige geist chom in einer tûben
pilde von himele nalgrith* [l. *nalgriht*] *ze der liute gesiht.* Diemer
Gedd. 333,4. — *mit al gerihte* habe ich sonst nirgends gefunden; ich habe es trotzdem stehen lassen, weil *mit* sich mit
der ursprünglichen lokalen Bedeutung des Wortes immerhin ver-
trägt: »mit der geraden Strasse« wie »mit dem Flusse gehen.«
90ff. Über die Bedeutung von Christi Taufe im Jordan
vgl. z. B. Hoffmann Fdgr. I 150, bes. 22 f. *dô er in daz wazzer*
                                                              v
*was gegangen waſchen vnſer ſunde.*ᵧ

91. *vn iv di miſſetat abflofte*) Diemer Anm.: »*abflote*
= *abfluote* von *vluoten* schwemmen, ein seltenes Wort : und
euch die Missethat abwusch.« Das Kompositum *abvluoten* ist in
den Wörterbüchern nirgends belegt, das Simplex nur in der
intransitiven Bedeutung »fluten« »strömen«, und selbst hier-

für wird nur ein Beispiel angeführt: *sines herzen kiel begunde in ungedanken fluoten unde wanken* Tristan 19360. — Wir dürfen annehmen, dass sich auch hier (wie 57 und 112) der Korrektor begnügt hat, das Falsche zu entfernen (das f), aber vergessen hat, das ᵥ Richtige einzusetzen. Ich vermute, es stand in der Vorlage *abflocte* von *vlougen* »fliegen machen«, »verscheuchen«. Es wird also mit einem andern Bilde die Sünde mit geflügeltem Raubzeug verglichen, welches von seiner Beute verjagt wird.

93ff. *wrde wir . . . alle frîge gezalt.* Diemer Anm.: ›l. *frî gezalt?*« Er ist nicht nötig, mit Diemer Dittographie des *ge* anzunehmen. Die Adjektive bleiben freilich in prädikativer Stellung im nom. sg. und pl. in der Regel ohne Flexion (Grimm Gr. IV 492ff), indessen kommt auch flektiertes prädikatives Adj. im nom. noch vor z. B. Nib. 307,1 *die dâ wunde lâgen.* Weinhold mhd. Gr.² § 515. Erdmann GS § 64. 65. Zur Form *wurde* vgl. Anm. 106.

Eine ähnliche Ausdrucksweise findet sich Ezzos Gesang MSD² XXXI 3,7 (von Adams Fall): *duo wurde wir alle gezalt in des tiefelles gewalt.*

96. *mit finem gewalt*) *gewalt* für *gewalte.* Über diese Apokope im Reim bemerkt Müllenhoff MSD XLVI 40 : »apocopierte dative msc. sg. wie hier *erbetail* (*an dem erbetail : siptail*) und 80 *bluot* (*ze Christes liche unde bluot : tuot*) sind im 12. jh. nicht ohne beleg« und zählt mehrere Beispiele auf.

101. *daz ez fich lieze chollen. lieze* ist Konjunktiv im Substantivsatz, der von einem negativen Hauptsatze abhängig ist. Erdmann GS § 192.

106f. Diemer Anm.: vgl. 71,19. 20 (Bücher Mosis) *fver im gerne dinot . deme wirt wol gelônot.*

106. *hab wir im iht gedienot.*) (Vordersatz einer konditionalen Satzverbindung). Diemer stellt (zu Gedd. 10,24) nach Aufzählung von 10 Beispielen aus Büch. Mosis und Wahrheit die Regel auf: Das *n* oder *en*, gleichviel ob der Vokal der Wurzel lang oder kurz ist, kann in der 1. pl. fehlen, jedoch meistens nur in der fragenden oder gebietenden Stellung. — Richtiger sagt Hahn, mhd. Gr. S. 70 § 144: Die 1. pl. prs. und prt. endigt auf *-en*, (*-n*). Wenn das Pronomen hinter das Verbum tritt, so wird ziemlich häufig die ganze Endung weggelassen oder nur *n*, so dass dann bloss *e* übrig bleibt z. B.

2*

hab wir Parz. 582,22; *sule wir* Parz. 232,22; *solte wir* Nib. 1410,3. — Vgl. auch Weinhold mhd. Gr.² § 369.

110f. Scherer QF VII 53: »Die Stelle hat specielle Ähnlichkeit mit der Hochzeit Karaj. 32,24 und mit dem Priester Arnold Diem. 348,20: überall wird der Beichtgang zum Priester als Eilen, *gâhen,* bezeichnet; *harte gâhen* hier und bei Arnold, und *harte* muss man auch wohl in der Hochzeit ergänzen, denn der Vers ist zu kurz.« — Diemer 348,20 [»wer einen Mitchristen getötet hat, der hat sich selbst erschlagen«] *fo fcal er vil harte gahen. uierzech tage enphaen mit der ftole uon dem phafen* . . . .

111. *zv unferem êwart.*) Mit Haupt *êwarten* zu lesen ist nicht nötig; die st. Form ist so gebräuchlich wie die sw., und in den Reim passt sie besser. -- *unfer êwart* = Christus ; vgl. Ezzos Gesang M S D XXXI 16,1 = Diemer Gedd. 326,2.3 : *Dv̊ der unfer êwart. alfo unfculdigêr irflagen wart.*

112. *unfer [fu]nde ful wir in lazen fehen.*) *funde* war verschrieben; an Stelle der beiden Buchstaben am Anfang stand also in der Vorlage etwas anderes. Ich vermute: w. Der Dichter hat von der Sünde unmittelbar vorher nicht gesprochen, wohl aber 108 gesagt: *wir sîn freislîche wunt.*

114. *er uindet uns die ftralen.*) *strâle* st. sw. fem. — Ich fasse *stralen* als acc. sg., mit Rücksicht auf *belîbet* 116. Diemer Anm.: vgl. 313, 18. 19 *ich hete ein bruft floz uur fin ureiflic fcoz. uur fine fcerphen ftrale.* 337,6 ff. (Lobl. auf d. heil. Geist) *der tieuel ift fo manicualt. unte hat unfere funde gezalt. in fine priue gerihet der wider unfich uihtet. mit uiuren ftrâlen. fo peware der heilige geist âMEN.*

123 ff. Vgl. Diemer, Gedd. 363, 21–26 (Jerusalem) vom jüngsten Gericht: *uile manige leider fpâte. die bedurfen arzâte. zir hine uerte. ir wege die fint herte. unde magen iedoch uil wol genefen. hart belanget fiu dâ ze wefen. in deme helle wîze. ê man die porte enflîze.*

130. Vgl. Diemer Gedd. 380,27 (Prosa-Gebete einer Frau, in einer Schilderung der himmlischen Freuden): *fo gedurft etnoch gehungeret mich niemmermêr;* und O. V 23,78 *thurst inti hungar, thiu ni derrent uns thâr.*

131. Vgl. O. V. 23, 135 (bei einer Schilderung der Beschwerden des irdischen Lebens gegenüber den Freuden des

Himmels): *Frost, ther umblider ist, ther ni gibit thir thia frist.*

134. *fin fi*) In der 3 pl. prs. ind. von *wesen* findet sich in unserer Hs. öfter *fin* für das gewöhnliche *fint*. Diemer Anm. führt 2 Belege an. Vgl. die Lautlehre.

136. *mit allen genâden*) Über die Bedeutung von *genâde* vgl. zu 15.

157. *[D]az liet heizet div wârheit.*) Über *liet* und *rede* vgl. Diemer, Genesis und Exodus II 3, der zu folgenden Resultaten kommt: »Das Wort *rede* wird abwechselnd mit *liet* zur Bezeichnung grösserer Dichtungen gebraucht. Ein Unterschied in der Bedeutung, so dass *rede* ausschliesslich oder mehr für geistliche, *liet* für weltliche Lieder verwendet worden sei, oder dass erste zur Bezeichnung der s. g. Reimprosa, *liet* aber für eigentliche Dichtungen in gereimten Versen gelte, lässt sich nicht nachweisen.« In unserem Gedichte ist *rede* 160 der weitere Begriff, der *liet* in sich schliesst.

Daz liet heizet div wârheit kann nur übersetzt werden: »Der Name dieses Liedes ist *diu wârheit*.« Alle anderen Bedeutungen von *heizen* sind ausgeschlossen: wir haben es nur mit der Angabe des Titels für das vorliegende Gedicht zu thun. Dass der Dichter seinem, wenn auch kleinen, Werke einen Namen giebt, können wir ihm nicht verdenken; mit dem Titel »die Wahrheit« scheint er den Teufel ganz besonders ärgern zu wollen. Es scheint, als ob er auch den Zuhörern oder den Lesern gegenüber durch die Mitteilung gerade dieses Titels gegen Ende des ganzen Gedichtes und am Anfang eines Abschnittes den Inhalt seines Liedes bekräftigen wollte.

158. Scherer Q F. VII 53: »Der Teufel als Feind des Liedes wie im Gedicht von der Siebenzahl als Feind dieser heiligen Zahl M S D XLIV 2,5 ff. *disiu zal ist sô hêre, swie der tiufel daz verchêre, der chuît, daz der gelogen habe, der dir von siben iuweht sage; sô vient ist er dirre zale!* . . .«

162 ff. O. Pniower, zur Wiener Genesis. diss. Berlin 1883 stellt eine These auf (ohne sie näher zu begründen): »Diemer dtsch. Gedd. in dem Gedichte *diu wârheit* S. 85,4 fl. sind die Verse 89,17 ff. [= 162 ff.] *war dench wir* etc. bis 89,23 [= 170] *nôt* interpoliert.« Pniower hat wahrscheinlich an der Wiederholung eines schon früher ausgesprochenen Gedankens in 167 f. (*wolt ir imf getriwen* u. s. w.) Anstoss genommen; damit ist

ihm der ganze sehr lange Satz, in welchem sich jene Verse finden, verdächtig geworden, und beim Suchen nach geeignetem Anschluss an das Vorhergehende hat ihm die Verbindung der beiden mit *jâ* beginnenden Verse am meisten gefallen. — Ich habe schon oben hervorgehoben, dass der Dichter bei dem Eifer, mit dem er der sündigen Welt die Notwendigkeit der Umkehr und ihre segenbringenden Folgen klar zu machen sucht, sich öfter wiederholt, und dass wir darin nur ein Charakteristikum der für das Verständnis und die Bewegung weiterer Kreise bestimmten poetischen Reimpredigt zu sehen haben. Ich halte darum die genannten Verse nicht für interpoliert.

165. Scherer Q F VII 53: »Der Schluss erinnert an den des Priesters Arnold. Entscheidend dafür ist insbesondere *weter unde zît* als einzige Spezialisierung dessen, *daz uns got gît*, bei Arnold 356,22 (*wir laſteren weter unte zît. unte allez daz unſ got gît*), wie hier *mit weter joch mit winde.*«

169. Vgl. das Paternoster M S D XLIII 12, 2. 3. *hêrre, gib uns unser prôt daz tagilîche hiute.* — Scherer Q F VII 53: »Auch die Beziehungen auf das Paternoster wie am Schluss der Hochzeit.«

172. Vgl. Ezzos Gesang M S D XXXI 1,39 f. = Diemer Gedd. 320,25: (*daz anegenge bist du ...*) *unt alles des iener ist lebentes unde ligentes.*

173. *diu mænin joch der sunne.*) *sunne* als *masc* (ahd. *sunno*), wie es in der Vorauer Handschrift häufig vorkommt (z. B. 5, 21. 28. 322, 8. 323, 2. 3. 326, 4. 366,7), ist nach Heinzel, Vorrede zur Ausgabe von Notkers Psalmen nach der Wiener Hs. S. XXXVIII im bairischen Dialekt alt; vgl. auch Heinzel, Wortschatz und Sprachformen der Wiener Notkerhandschrift I = Sitzungsber. d. Wien. Akad. Bd. 80 (1875), 728. — Die fem.-Form *mænin* für »Mond« scheint ebenfalls bairisch zu sein; im Wiener Notker erscheint sie da, wo erst der bairische Schreiber das lateinische *luna* ins Deutsche übersetzt: 103,19 *diu mânin*, während sonst (8,6. 135,9) *der mâne* gebraucht ist; vgl. auch *dero arinne* Wien. Notk. 102,5 mit dem masc. dat. *aren* im Sangallensis; Heinzel, Sitzungsber. Wien. Akad. Bd. 80, 680. Bei Hartmann, Vom Glauben 118 *allez daz ... di ſunne beschînet unde di mænin beglîmet* ist die Form *mænin* vielleicht durch einen bairischen Schreiber eingesetzt worden; das Versmass verlangt *der mâne.* Nach Grimm Gramm. III 350 ist *mâne*

mhd. meist masc., fem. nur zuweilen, besonders neben dem
msc. *sunne*; so M S H III 107ᵇ *diu mâne unde ouch der funne.*
Mit unserer Stelle stimmen in Diem. Gedd. überein *div mæninne
noh der funne* 364,3 und acc. *di mâninnen unde den funnen*
5,20. Die entgegengesetzte Verteilung der Geschlechter findet
sich 66,20 *an deme mânen unde an der funnen.*
173 f. Scherer Q F VII 54: »*div mænîn . . . mit wunnen*
stimmt zu Anno 3,5 *den mânen unten sunnen, die gebin ire liht
mit wunnen.* Es stimmt nicht zur Wiener und Vorauer Genesis
Fdgr. II 12,43 [Massmann Z. 153], wo das Leuchten *mit minnen*
geschieht oder die Gestirne *ze minne* geschaffen werden. Aber
auf Benützung des Annoliedes möchte ich daraus nicht schliessen.«
175. Scherer Q F VII 53: »Der Tag als besondere Wohl-
that Gottes wie in „der Hochzeit 27,22.«
176. *fich frot der menfch daz er ift gefunt.*) Scherer
Q F VII 52 Z 2 v. u. konjiziert hier: *daz er iz getuot*, um den
Reim zu bessern. Der Reim ist allerdings für unser Denkmal
recht ungenau (*gebôt : gefunt*), vgl. die Darstellung des Reimes:
trotzdem ist Scherers Konjektur abzuweisen: der Vers wäre in
der vorgeschlagenen Form nicht nur überflüssig, sondern er würde
den Gedanken des vorhergehenden unerlaubt verschleppen,
während er in der überlieferten Gestalt den Verdiensten Gottes
ein wesentlich neues Moment hinzufügt.
177. [*I*]*ch wænez ie wart.*) Im abhängigen Satze kann
neben einem von *ie* abgeleiteten Pronomen oder Adverb der
Ausdruck der Negation fehlen nach *ich wæne.* Paul mhd. Gr.²
§ 372; vgl. z. B. Diemer, Gen. u. Exod. 108,35 *jâ wæn si
ieman errechen mege* (die *rede*), d. h. niemand.
180. *wider got haben getân.*) *haben* ist Konj. im Substantivsatz, der von dem negativen Satze *ez ie wart* abhängt.
Vgl. 101 und die Anmerkung
181. *an ir selbes libe.*) *selbes* ist indeklinabler Genetiv;
derselbe kommt nach Weinhold mhd. Gr.² § 499 im 12. Jhdt.
auf und breitet sich allmählich aus.
182. *des fulen fi di nôt leiden.*) Dieser Vers ist wohl
als Parenthese aufzufassen, so dass *an ir gewant* u. s. w. parallel
steht dem vorhergehenden *an ir libe.*
Diese Stelle ist gerichtet gegen die Modethorheiten der
Zeit und gegen die namentlich in den höheren Ständen seit
Anfang des 11. Jhdts. um sich greifende Annahme fremder

Trachten. So sind mit *gewant* gemeint die byzantinischen oder
»dalmatischen« lang herabwallenden weiten Gewänder, welche
die eng anliegende fränkische Tracht verdrängten; vgl. H. Weiss,
Kostümkunde II ² 330 ff. Lang wallendes Haar und ungeschorener
Bart traten an die Stelle des kurzgeschnittenen Haares und der
Bartlosigkeit der alten Zeit: die Kopfbedeckungen fanden häu-
figere Verwendung; vgl. Weiss a. a. O. 333. Die Fussbekleidung
endlich erhielt ein eigenartiges Aussehen durch Einführung der
Spitzschuhe; vgl. Weiss a. a. O. Fig. 211 und S. 323. — Die
Frauen blieben hinter den Männern nicht zurück: sie bethätigten
ihre Putz- und Neuerungssucht durch Annahme neuer Kopfbedeckungen in Form von Rundkappen (*schapel*) und Binde-
hauben (*gebende*) a. a. O. 335.

Dass die Einführung neuer Moden den Geistlichen jeder
Zeit Veranlassung zu Klagen und Strafpredigten geboten hat,
ist bekannt: aus dem Anfang des 11. Jhdts. erwähnt Weiss a. a.
O. 336 Ähnliches mit Bezug auf Thietmar von Merseburg.

184. *vnde an ir geſchůde*) Diemer Anm.: »aus dem ahd.
ſcawida, ſcauwida Graff 6, 556 an ihrem Gesichte, Aussehen.«
— Scherer Q F VII 53 übersetzt: »an ihrem Gewand und Haar
und Aussehen« und fügt eine Anmerkung hinzu: »*geſchůde*,
lies *geschoude, geschowede*, fehlt im Mhd. Wb. und bei Lexer.
Das heutige bairisch-österreichische *gschau* Schmell. 2 ², 350
heisst, so viel ich weiss, immer Blick.« — Die lateinischen Über-
setzungen des von Diemer citierten *ſcauwida* in den alten
Glossen: *tutio* und *censura* deuten weniger auf das Aussehen
als auf ein substantivum actionis: das Sehen, die Besichtigung.
Mit der Deutung »Betrachtung« bringt es auch Schade, ahd. Wb.
Aber wozu unnötig von der Überlieferung abweichen?
geschuode ist durch ein vielfach belegtes Verfahren zusammen-
gezogen aus *geschuohede* = Fussbekleidung. Ein Beispiel
dieser Kontraktion bringt auch Schade, ahd. Wb. aus dem alten
von K. A. Hahn Frankfurt a. M. 1845 herausgegebenen Passional:
âne geschůde. — Zur sachlichen Erklärung vgl. die vorige
Anmerkung.

189. Diemer Anm.: *daz wir zô der helle nit ne varn*
Glaub. 3775.

IV. Über die Sprache des Gedichtes.

Bei der Behandlung der Sprache, wie auch des Versmasses der Wahrheit gehe ich aus von der überlieferten Gestalt des Denkmals. Da dasselbe im wesentlichen mhd. Sprachformen zeigt, so genügt es für die Charakterisierung seines Lautstandes, die Abweichungen vom gemein - mhd. aufzuzählen.

1. Schreibung.

æ wechselt mit *e*: *æ* = mhd. *æ* 5 mal: 46. 80. 152. 173. 177; *e* = mhd. *æ* 5 mal: 54. 55. 81 (hier *ê* geschrieben), 155. 169; umgekehrt *æ* = mhd. *e* 2 mal: *træhtin* 162 und *tægeliche* 169; dazu 3 mal *æi* = mhd. *ei*: 41. 108. 118.

Einmal (146) begegnet ein geschwänztes *e* (*ę*) in schwachbetonter Silbe: *miſſetroſten*. — Dieses *ę*, welches in lateinischen Texten = *ae* ist, deutet vielleicht ein Schwanken des Schreibers zwischen *e* und *a* an. Vgl. die Besprechung dieser Stelle beim Reim (Abschn. V 8 a β).

Vokal *u* und *v*. Über den Wechsel dieser Zeichen ist zu bemerken, dass *u* weitaus überwiegt, wo es den Vokal *u* oder den Diphthong *uo* wiedergiebt, d. h. wo es einen Konsonanten vor sich hat; *v* dagegen ist bevorzugt, wo das *u* der 2. Bestandteil eines Diphthonges ist, also nach einem Vokal: in *ou*, *iu* und *eu*. Über die genaueren Zahlenverhältnisse giebt folgende Tabelle Aufschluss:

u		*v*	
u: 101 = *u*, 4 = *uo*, 1 = *iu*		*v*: 13 = *u*. 1 = *uo*	
ů: 12 = *uo*, 1 = *ou*		*v̊*: 8 = *uo*, 1 = *ou*	
ou: —		*ov*: 2 = *ou*, 1 = *û*: ausserdem *v̊*	
		o: 2 = *ou*	
iu: 1		*iv*: 26	
eu: —		*ev*: 1	

_v mhd. *ou* wird wiedergegeben: durch *o͡u* 2 mal: 41. 124; durch
o 2 mal: 91. 176. „ Die Schreibung *v̊* in *chv̊fte* 90 ist wohl
Schreibfehler für *o*, veranlasst durch das unmittelbar vorhergehende *blṵte*.

uo ist *ů* geschrieben (12 mal) oder *v̊* (8 mal). 5 mal ist
es durch einfaches *u* vertreten: *zu* 30. 57. 111; *behutet* 132;
gebuzte 170. Vgl. die Lautlehre.

Für *uw* ist immer *w* geschrieben, in der Verbindung *iw*
6 mal, z. B. *iwers* 65; in *cw* 1 mal in *rewen* (= *riuwen*) 168.
— Dass *iuw*, nicht *iw*, zu transskribieren ist (Weinh. Gr. § 129),
wird durch die Versausgänge 153 f. erwiesen, wo die vier
Hebungen der Verse nur bei langer vorletzter Silbe heraus-
kommen.

Ebenso steht für *wu* immer *w*: 9 mal, z. B. *gewnnen* 31.

f ist wiedergegeben:
1. im Anlaut
   a. durch *f* vor *u* und *iu* und in Konsonantenverbindungen
      (ausgenommen *urcisliche* 19 und *gevriesin* 131).
   b. durch *v* oder *u* vor Vokalen ausser *u* und *iu*. *v* und
      u stehen unterschiedslos neben einander, doch ist *u* vor
      i häufiger, *v* vor *a*.
2. im Inlaut
   a. durch *f* in Konsonantenverbindungen.
   b. durch *v* und *u* zwischen Vokalen.
3. im Auslaut
   nur durch *f*.

zw, *sw*. *zw* ist an der einzigen Stelle, wo es erscheint,
zv geschrieben*): *zviuel* 53. — *sw* kommt nur so vor. — Im
ahd. stand nach Konsonanten gewöhnlicher *u* (*v*) als *uu* (*w*).
BG. § 105. WG § 178.

Ganz vereinzelt erscheint *ct* in *liucten* 174 neben 7 *ht*.
Die Schreibung erscheint an Stelle des besonders md. vor Konsonanten häufig auftretenden *ch* in frühen rheinfr. und alem.

— · —

*) Waag, Die Zusammensetzung der Vorauer Handschrift PB Btr. XI
giebt auf S. 105 ff. eine Übersicht über den Lautstand der Wahrheit. Da er sich
aber nur einzelne Punkte vornimmt und auch in diesen nicht immer zuverlässig ist,
so habe ich mich nicht an ihn angeschlossen. Den erwähnten Fall der Schreibung
zv lässt er z. B. aus.

Denkmälern (BG § 154 Anm. 3) und ist hier sicher als Schreibfehler anzusehen

z, die Affricata, ist 2 mal durch *c* vertreten: *churcen citen* 75, also vor *e* und *i*; in den übrigen (16) Fällen steht *z* und zwar 8 mal vor *e* (in *ze*, Präpos.-Adv.), sonst vor Konsonanten und anderen Vokalen als *e* und *i*. Vgl. BG § 157.

Die Spirans *z* ist 2 mal geschwänzt geschrieben: *alle*ʒ 121 und *i*ʒ 175; daneben aber 51 mal *z* und 4 mal *zz* nicht weiter ausgezeichnet. 3 mal findet sich für die Spirans *z* geschrieben *s*: *was* 8. *alles* 171. *daſ* 97: also in allen Fällen im Auslaut (vgl. BG § 160 Anm. 2), aber nirgends durch Assimilation bedingt (BG § 99 Anm. 1).

Schreibung von *s*.

ſ steht im An- und Inlaut überwiegend (ca. 120 mal), im Auslaut nur 4 mal.

s ist gewöhnliche Schreibung im Auslaut (ca. 50 mal) und findet sich sonst nur 9 mal im Anlaut.

Für den aus ̕der Lautverbindung *sk* hervorgegangenen harten Spiranten *s* hat das Denkmal überwiegend die gemeinmhd. Bezeichnung *ſch*, 4 mal : 49. 64. 176. 184; daneben aber noch 3 *ſc* : 115. 143. 162. — *ſch* neben *ſc* ist schon häufig im Freisinger Otfrid (zw. 902 und 905), sonst in der älteren Zeit vereinzelt und nimmt erst seit dem 11. Jh. immer mehr überhand (BG § 146 Anm. 2).

Ausserdem steht 1 mal für *ſc ſ* in *geſǔf* 162, wie häufiger in der Vorauer Hs. (Diemers Anm. zu 5,5) und in andren bairischen (Weinh. bair. Gr. § 154) und besonders alemannischen (WaG § 190) Denkmälern im 12. bis 14. Jh.

Nur *s* erscheint in den Formen des Verbums *suln* (7 mal). — »Das Verbum *skal, skolan* heisst seit dem 11. Jh. meist *sal. sol, solan.*« BG § 146 Anm. 4.

Nicht eben selten wendet der Schreiber Abkürzungen an (vgl. Diemer, Einltg. zu den Gedd. S. VI):

‾‾*) bedeutet teils *-n* : *hellegrūt* 34. *inerclichen* 154; teils *-m* : *de* 158. *ſine* 166; teils deutet es überhaupt an, dass das Wort unvollständig ist: hier nur in *un = unde* 7 mal vorkommend (neben 11 mal ausgeschriebenem *unde*).

*) Nach Pipers Angaben zu 154 und 179 scheint in der Hs. ein gerader wagerechter Strich zu stehen, z. B. *un*.

— ˢ vertritt *er : v*ˢ = *ver* (Präfix) 3 mal: 87. 113. 156.
(daneben *ver-* 4 mal: 3. 17. 74. 127 und *vir* 1 mal: 36); *od*ˢ =
oder 159; *d*ˢ = *der* 173; *wid*ˢ = *wider* 180; in der Mitte
des Wortes *gehung*ˢ*en* 130.

— & = *-et* findet sich nach Diener 1 mal: *frum&* =
frumet 59. Nach Piper steht hier aber *frumt*.

Circumflexe stehen über langen Vokalen an den 4 von
Waag. a. a. O. 106 № 12 angeführten Stellen: *lât* 55. *grôz*
66. *ſpête* 81. *ê* 121 (bei dem letzten Worte offenbar, »um
dem kleinen Wort- und Schriftkörper eine Stütze zu geben«
Waag. a. a. O. S. 84,12); ausserdem noch in *frîge* 94.

Ohne Bedeutung ist der Akut, zu welchem 2 mal der Punkt
über dem *i* aus Versehen ausgezogen zu sein scheint (nach
Piper *iuden* 2 und *uindet* 148).

Die Anwendung der Abkürzungen wird reichlicher gegen
das Ende hin:

S. 85: — S. 88: 2
S. 86: 2 S. 89: 10
S. 87: 2 S. 90: 3 (diese Seite hat nur 10 Zeilen).

Die letzte Spalte der Hs., 96ᵈ, in der 13 von den 19
Abkürzungen enthalten sind, ist nicht voll ausgeschrieben; sie
zählt nur 42 statt der üblichen 46 Zeilen.

2. Lautlehre.

a. Vokale

α. der Stammsilben.

mhd. *i* ist *ie* geschrieben: *hiemel* 30.

Für *î* steht *ie* in *liebe* 181.

Beides ist wohl eine Folge der häufig sich findenden Schreibung *i* für mhd. *ie*.

Für mhd. *î* findet sich 1 mal *ei*: *leiden* 182. Diese Diphthongierung des *î* zu *ei* ist ein Kennzeichen des bairischen
Dialektes und seit Ende des 13. Jhs. weitaus überwiegend,
Weinh. Gr. § 105. Da sie im Reim auf *libe* (Hs. *liebe*) erscheint,
so gehört sie nicht dem Dichter, sondern erst dem Schreiber
an. Dieser (oder ein anderer Schreiber) würde dann auch das
î in *libe* in *ie* diphthongiert haben in der falschen Meinung,
ein md. *î* vor sich zu haben. — Ein ganz gleicher Reim findet
sich im Arnolt 350,16: *liebe* [l. *libe*]: *weibe* [l. *wibe*]. Vgl.
Waag. a. a. O. S. 151.

Für *û* findet sich *ou* nur 1 mal: *oƷ* 95 ; sonst ist kein Beispiel für altes *û* vorhanden. Wir haben hier (wie oben *ei* für *î*)
bairische Diphthongierung des *û* (Weinh. Gr. § 105).

mhd. *ei* ist wiedergegeben: durch *ei* 32 mal z. B. *ureis-
liche* 19. *beidiu* 23; durch *ai* 3 mal: *fraisliche* 6. *gehailen* 119.
hailet 126; endlich durch *ɶi* ebenfalls 3 mal: *gehɶizzen* 41.
frɶisliche 108. *enhɶin* 118. Die Schreibung *ɶi* scheint ein
Schwanken des Schreibers zwischen *ei* und *ai* anzudeuten. —
ai entwickelt sich im bair.-österr. Dialekt im Verlauf des 13. Jhs.
aus *ei*, nachdem dieses für *î* eingetreten ist. Wb G § 64.

e für *ei* in *bediu* 37 (*ê* zu schreiben) ist gemein-mhd.
Weinh. Gr. § 96. BG § 44 Anm. 4.

Gemein-mhd. *ie* treffen wir in doppelter Schreibung: *ie*
und *i* (d. h. *î*), und zwar 9 *î* neben 34*) *ei*; ausserdem kommt
vom pron. pers. der 3. Person nur die Form *si* vor (7 mal).
Von den 9 *î* sind 6 (4 Art., 2 Pron. gegenüber 6 Art. *die* und
3 Pron. *die*) die Formen des Artikel-Pronomens; die anderen 3
finden sich: 37 *libes* (neben 5 *lieb*..) und 2 mal *idoch*: 66 und
145. — Dieses *i* für *ie* lässt wohl keine andre Erklärung zu
(Wb G § 52) als die aus dem md. (WG § 134).

mhd. *iu* findet sich fast überall geschrieben; nur 2 mal
begegnet *ev*: *ev* (dat. des pron.) aus *iv* korrigiert 56 (sonst *iv*
durchgehend) und *rewen* d. h. *reuwen* (vgl. S. 30) 168 (daneben
riwen 153); nur 1 mal steht *u* : *flûset = verliuset* (so geschrieben
gleich in der folgenden Reihe) 72. — Der Übergang von *iu* zu
eu ist ein Kennzeichen des bair.-österr. Dialektes in der Zeit
unseres Schreibers, Ende des 12. Jhs. (Weinh. Gr. § 129. BG § 84;
vgl. dagegen Waag. a. a O. S. 94 Schluss); während *û* für *iu*
in md. Handschriften des 12. bis 14. Jhs. die herrschende Form
ist (Weinh. Gr. § 132). Es ist aber hervorzuheben, dass im letz-
teren Falle ein Schreibfehler *flu* für *fliu* sehr leicht möglich war.

Das *iu* in *fivnf* 35 deutet wohl ein Schwanken des
Schreibers an zwischen dem alten *finf* und dem im 12. Jh.
auftretenden *funf*. BG § 271, Anm. 2.

mhd. *uo* wird im md. vereinfacht zu *û* wie *iu* zu *û*. In
unserem Gedichte stehen 20 *ů* 5 *u* gegenüber (*û* zu schreiben):

---

*) darin einbegriffen 3 mal *dievel*; dies Lehnwort scheint auch obd. mit *ie*
neben *iu* üblich gewesen zu sein. BG § 94. AG § 67. Vgl. auch BG
§ 47 Anm. 7.

3 mal *zu* vor Pron.-Artikel 30. 57. 111. (dagegen bei engerer Verbindung 8 mal *ze*; nie bei unserem Schreiber *z̊u*); ausserdem *behutet* 132 (dagegen *beh̊ut* .. 75 und 136) und *gebuzte* 170 (neben *geb̊uzt* 168),

Für *ou* ist 1 mal *v̊* geschrieben: *chv̊fte* 90; *v̊* für *o* ist ein leicht möglicher Schreibfehler.

Umlaut. Dem Umlaut unterworfen ist nur *a*, dieses aber regelmässig. Geschrieben ist dieser Umlaut

von *a*: *e* in *herfet* 71. *trehtin* 51.

æ in *træhtin* 162. *tægeliehe* 169.

von *â*: *æ* 5 mal: 46. 80. 152. 173. 177.

e 5 mal: 54. 55. 81 (hier *ê*). 155. 169.

Nach Weinh. Gr. §§ 89. 93, BG § 34 Anm. 2 ist *æ* die obd., *ê* die md. gewöhnliche Bezeichnung des Umlautes von *â*.

β, Vokale der nichtbetonten Silben.

aa. der Mittelsilben.

Der Wechsel von *e* und *i* für altes *a* in dem Suffix – *ag* – ist gemein - mhd. (Weinh. Gr. § 275). Es finden sich:

e: in *fculdege* 143.

i: in *heilige* 12. 33. *minnichliche* 60. *genedich* 155.

Nur in wenigen Fällen sind alte volle Vokale erhalten, sämmtlich in unflektierten Formen:

1. *ô* im ptc. prt. der sw. v. III: *gemarterot* 2. 45. *gedienot* 106. *gelonot* 107.

2. Vom fem,·Suffix -*inne* findet sich die gekürzte Form -*in* in *mænin* 173. Ob das *i* kurz oder gedehnt ist, lässt sich nicht entscheiden (Weinh. Gr. § 274).

3. Vom Suffix -*ina* findet sich 2 mal die ungeschwächte Form -*in* (wie der Reim lehrt, einmal -*in* zu schreiben, Weinh. Gr. § 274) *trehtin* 51 und *træhtin* 162; nirgends *trehten*.

Zwischenvokal konstatiert schon Waag. a. a O. S. 106 in 2 Fällen: *durich* 45 und 102. Hinzuzufügen ist *durich* 100 und *arebeit* (got. *arbaips*). — Die Bezeichnung des Zwischenlautes durch *i* ist nach BG § 20 den bairischen Schreibern sehr geläufig; sie findet sich allerdings auch im alem. (AG § 23 Schluss).

bb. der Endsilben.

Die Schwächung ist allenthalben erfolgt, meist zu *e*; daneben findet sich 9 mal *i*: 5 mal bei sw. v. I: 4. 18. 24. 139. 149;

2 mal nach einem i-Laut in der nur durch einen Konsonanten getrennten vorhergehenden Silbe: *tievil* 24 und *gevriesin* 131 (Vgl. Vogt, Genesis und Exodus in PB Btr. II 235); ausserdem *nemit* (2. pl.) 63 und die enge Wortverbinduug *daz dir* in *daz dir ist* 171. — Diese Schreibung des »irrationalen« *e* als *i* findet sich nicht selten gerade im 12. bis 14. Jh. in bair. (BG § 20) und alem. (AG § 23) Denkmälern und Urkunden: wir brauchen es also nicht aus dem m d. zu erklären, wo es freilich während der ganzen mhd. Periode besonders beliebt war (Weinh. Gr. § 81).

Unter dieselbe Kategorie (irrationales *e*) fallen auch die Präfixe *ver-, er-, ent-*. In der Wahrheit steht überall *e*; nur V. 36: *vir-* neben 4 *ver-* und 3 v^s-, die sicher *ver-* zu lesen sind (s. oben Abschn. IV 1, Schluss), und einem Falle der Synkope *flûset* 72.

Synkope kommt zur Anwendung:

1. nach *l* und *r* mit voraufgehendem kurzen Vokal z. B. *ervolt* 58. *varn* 189. 10 Beispiele*).

2. nach Ableitungssilben wie *-er, -el, -en*: *iwers* 65. *unsern* 161 und mit nachfolgender Vereinfachung des *rr* zu *r*: *unser[(e)r]* 113.

3. nach anderen Konsonanten:
   a. nach kurzem Vokal: *frumt* 59 (nach Piper). *ſcamt* 143. *chumt* 175. *mensch*, die mhd. gewöhnliche Form, 176. und mit nachfolgender Vereinfachung des *dt* zu *t*: *wirt* aus *wirdet* 68. 84. 104.
   b. nach langem Vokal oder Diphthong: *lôst[e]* 34. *gebuzt[e]* 168. 170, die als prt. sw. v. I mit langer Stammsilbe in obd. Weise schon ahd. ohne *i* sind; *ewgen* 127; mit Kontraktion der Konsonanten verbunden: *behu[te]t* 136. *gehi[we]te* 29 (diese beiden wie die oben genannten prt. sw: v. I), *frou[we]t**) 176, im Präfix vor *l*: *f[er]lûset* 72..

Erwähnt seien hier auch die kontrahierten Formen *lât* 55 und *hân* 187, für welche in der Regel die unkontrahierten *lâzet* und *haben* in Gebrauch sind.

---

*) darunter *ervolt* 58. *wolt* 57. *welt* 83. *alrslahte* 133 mit vorausgegangener spät-ahd. Vereinfachung der Doppelkonsonanz.

**) Die unumgelauteten Formen von *aw*-Stämmen wie *frouwet* sind gegenüber dem umgelauteten *frewet* u. s. w. im bair. Dialekt herschend geworden (BG § 114 Anm. 1).

Dagegen ist die Synkope unterblieben in:

1. *sulen* 9. 21. *bechoren* 86. *v^{s}loren* 87.
2. *anderen* 18. *swederes* 40.
3. a. *enſamet* 31.
   b. *gewiſet* 16. *verliuſet* 74. *behütet* 132. *êwigen* 156 u. s. w

Die verhältnismässig häufige Ausstossung des sw. *e* auch im 3. Falle erinnert an die »im obd. weitgehende Tonschwächung des *e*« (Weinh. Gr. § 18).

In einigen Fällen finden wir Abstossung des sw. *e* am Ende eines Wortes belegt, und zwar

1. Elision (Ausfall des Schluss-*e* vor vokalischem Anlaut des nächstfolgenden Wortes)
   a. nach langer Stammsilbe: *ân ente* 25. *lôſt uns* 34. *sîn arebeit* 71. *gebŭzt uns* 168 und als ein Wort geschrieben *wænez* 177.
   b. nach kurzer Silbe: *virtilget er* 36.
2. Apokope (Ausfall des Schluss-*e* vor konsonantischem Anlaut des nächsten Wortes)
   a. nach kurzer mit einem Konsonanten schliessender Silbe: *engetet nie* 99. *unser sunde* 112. *weter* (dat.) *joch* 165.
   b. nach langer oder nach einer kurzen Silbe, die auf zwei Konsonanten ausgeht: *lugener . lât* 54. *e(r)wart* (am Ende des Satzes und Verses, wie das vorhergehende) 111. *arzât sŭchen* 123. *alrslaht nôten* 133. *wint* (für *winde*) am Ende des Satzes und Verses 165.

Diese häufige Apokope des *e*, auch nach langer Silbe, ist nach Weinh. Gr. § 78 bei den Südostdeutschen beliebt.

b. Konsonanten.
a. Gutturale.

Abweichend vom gemein-mhd. überwiegt in der Wahrheit der obd. Stand der Lautverschiebung: *ch* für *k*.

Im Anlaut stehen sich 14 *ch* und 4 *k* gegenüber.

In- und auslautend nach Vokalen ist die Doppelspirans überall *ch* geschrieben.

In- und auslautend nach Konsonanten steht in allen (5) Fällen *ch*: *winchet* 73. *bedench wir* 97. *getranch* 124. *dench wir* 163. *tunchet* 185.

Für *g* erscheint im Auslaut überall *ch*: *tach* 23. 104. 175.

mach 24. 50. 82. 105, 129 *lauch* 66. *genedich* 155. *manech* 179; ausserdem *minnichliche* 60. Braune § 149 Anm. 5 bezeichnet diesen Gebrauch als Eigentümlichkeit des ba i r., die das alem. wenig oder garnicht teilt.

Die Verschmelzung des *w* in der Lautverbindung *kw*, geschr. *qu*, mit dem folgenden *e* oder *i* zu *o* oder *u*, welche dem o b d.· b a i r. entstammt, ist hier durchgeführt; *chollen* 101 und *(c)humt* 175. Vgl. Waag. a. a. O. S. 107.

β) Dentale.

Für mhd. *t* steht 2 mal im Anlaut *d*; *dievel* 52 und *dumben* 71. Umgekehrt steht *t* für *d* in *tunchet* 185*). — *dievel* (daneben 2 mal *tievel* 24 und 158) liesse sich als Schreibfehler des flüchtigen Abschreibers erklären, der vom Anfang des Artikels zu dem des Substantivs übersprang: *d* . . . *ievel* für *den tievel*. — Dass übrigens *d* und *t* gerade im ba i r. einander oft vertreten, lehrt und erklärt BG § 145 und § 140.

Altes *nt* ist bewahrt in 4 Fällen, erweicht zu *nd* 10 mal. Diese Erweichung hat der bair. Dialekt mit anderen Mundarten gemein (BG § 141); eigentümlich ist ihm das Festhalten von *nt* besonders im 12. und 13. Jh. (Weinh. Gr. § 193).

lt ist, soweit es aus urgerm. (got.) *ld* hervorgegangen ist, unerweicht geblieben (*alten* 7. *behalten* 8. *gewalt* 96.). Bei *fculdege* 143 ist zweifelhaft, ob nicht urgerm. *sculthi·* zu Grunde liegt, woraus das *ld* regelrecht entstanden wäre. (Braune § 163 Anm. 6). *lt* für *ld* ist o b d. Stand der Lautverschiebung.

γ) Labiale.

Zur Verschiebung des urgermanischen *p* ist zu bemerken, dass in unserem Denkmal die Form *herfet* 71 gegen den mhd. (Weinh. Gr. § 170,1), ja sogar gegen den neueren bairischen Dialektgebrauch (BG § 129 S. 134), welche *herpfet* verlangen, die Affricata zur Spirans fortgebildet hat nach Analogie von *helfe* 12. Übrigens finden sich auch sonst Fälle, in denen die Schreiber *f* für *pf* oder umgekehrt gesetzt haben: vgl. Heinzel, Wortschatz und Sprachformen der Wiener Notkerhandschrift (SBB. d. Wien. Akad. 82, 423ff. und in der Hs. z. B. *harphun* Wien. Notk. 32,2; *harfa* wiederholt W. N. 42,5.

---

*) Von einer Befolgung des Notkerschen Kanons findet sich in der Wahrheit keine Spur. Vgl. Waag. S. 106 Nr. 13 mit S. 96 Nr. 13 β.

$b:p$ Im Anlaut findet sich für diese o b d. Verschiebung nur 1 Beispiel: *plinter* 87,5 gegenüber 15 *b*.

Im Inlaut steht überall *b*.

Im Auslaut erscheint *p* 5 mal (*lip* 128. 156. *wip* 129. 179. *erstarp* 178) neben 4 *b* (*gab* 37. *lieb* 48.; *hab*[en] 106. *lieb* 127); also ist Waags Bemerkung S. 107 Nr. 14 a: »Im Auslaut überwiegt *b*« unrichtig.

Im ganzen haben wir demnach bei den Labialen md. (oder oberfränk.) Stand der Lautverschiebung.

d.) Sonstiges.
Konsonantengemination.

Nach langem Vokal oder nach Diphthong ist alter Doppelkonsonant oft zu einfachem geworden; so finden sich neben einander *mv̊zze* 4. *mv̊zzet* 86 und *mv̊zze* 67. 120; *gehæizzen* 41 und *heizet* 157; *lâzzen* 42 und *lâzen* 112. *ff* ist erhalten in *tieffe* 20; diese Erscheinung ist nach Braune § 132 Anm.1 im spätah d. noch hie und da belegt.

Nach kurzem Vokal steht einfacher Konsonant für Geminata in *grime* 22 (neben *mm* 78. 86). *gefrumen* 105. *gefcozen* 115. *gewinen* 117. *bite* 122 (neben *bitten* 1). *fune* 173. — Bei *gefrumen* und *bite* (1. pl.) liegt vielleicht Analogiebildung nach der 2. und 3. sg. ind. prs. und der 2. sg. imp. vor; nach Braune § 344 Anm. 2 spät-ahd.

Unmotivierte Verdoppelung zeigen die beiden Zeitadverbien *immer* 25. 87. 120. und *nimmer* 44. 118., welche nur in dieser Gestalt erscheinen.

Durch Assimilation ist das *mm* entstanden in *ummere* 55.

Für *j* findet sich *g* in dem bekannten Verbum *jehen* : *vergehen* 113. Belege für ähnliche Schreibungen im bair. bringt BG § 176, im md. derselbe WG § 222.

Ein gutturales *r* (Weinh. Gr. § 213) ist eingeschoben vor *c* in *innerclichen* 154 vgl. Diemer Gedd. 84,28 *innercliche*.)

Als Sekundärkonsonant findet sich *g* in *frige* 94 (Weinh. Gr. § 221 und 224).

Kontraktion ist zu konstatieren 28: *inc* für *ichne*.

Synkope oder Apokope eines Konsonanten lässt sich nachweisen in *ensame*[n]*t* 31; ferner in *wir*[t] 84., vielleicht auch in *faf*[t] 68. Über *fin* 134 s. unten bei der Konjugation. Derartiges findet sich in allen Dialekten.

Abfall des letzten Konsonanten eines Wortes (oft zugleich des vorangehenden Vokals) findet sich häufig in der 1. pl. der Verbalformen:

-*n* wird apokopiert (z. B. *gevalle wir*) 43. 93. 121. 127. 161; -*en* wird abgeworfen (z. B. *bedench wir*) 97. 106. 112. 137. 163. 167. Vgl. die Regel oben Anm. 106.

3. Flexionslehre.

a. Deklination.

Ungeschlechtiges Pronomen. Über die Formen des dat. acc. pl. der ungeschlechtigen Pronomina *uns*, *unsih*, *iu*, *iuuih* ist zu bemerken:

uns gilt für dat. und accs. (letzteres siebenmal).

unsih ist gar nicht erhalten.

Nach Weinh. Gr. § 472 wird *unsih* im 13. Jh. immer seltener, ist aber bis Ende des 13. Jhs. nachweisbar; es haftet obd. fester als md.

iu ist dat. (7 mal).

iuuih (in der zusammengezogeuen Form *iuch*) ist accs. (6 mal); beide Formen sind also in ihrer Anwendung streng geschieden. — *iuch* als dat. ist schon spät-ahd. belegt, kommt aber erst im 14. Jh. zur Herrschaft (Weinh. Gr. § 473).

Die zusammengezogene Form *iuch* für *iuuih* findet sich nach Braune § 282 Anm. 6 erst seit dem Ende des 11. Jhs.

Geschlechtiges Pronomen. Der nom. accs. sg. ntr. lautet 4 mal *iz* (29. 99. 105. 175) und 3 mal *ez* (80. 101. 177). Letztere Form hat in allen Fällen engen Anschluss an das vorhergehende Wort; erstere ist nach Weinh. Gr. § 478 im bair. beliebt.

Possessiv-Pronomen. Die Formen des pron. *sîn* (immer flektiert) beweisen, dass die Formen *unser*, *iuwer*. wo sie unflektiert erscheinen, keine gen. der pron. pers. sind, (ausser *unser aller heile* [dat.] 138), sondern durch Abwerfung oder Synkope des *e* der Endung entstanden sind: *unser* für *unsere* 36. 112. 170; für *unserer* 113 (man braucht also auch nicht an eine frä. Deklination des Pronomens zu denken); *iuwer* für *iuwere* 69. — Ebenso ist in *min vil lieben* 126 das *e* der Endung abgefallen.

Adjektiv. Über die Form des Adjektivs in der Anrede (vgl. *mîne vil liebe* 27. *vil liebe* 97; *mîn vil lieben* 126) ist zu bemerken, dass im Verlauf des ahd. im Vokativ eines attributiven Adjektivs die st. Form allmählich über die sw. das Übergewicht gewinnt. Vgl. Weinh Gr. § 517.

Ebenso kann jedes Adjektiv in sw. Deklination substantivisch verwandt werden ohne Rücksicht auf Artikel und Pronomen (Weinh. Gr. § 523). Zahlwörter. Eine eigentümliche Form unter den Zahlwörtern ist *fivnf* 35. Belege aus andern bair. Denkmälern bei BG § 258. Im alem. (AG § 326) erscheint *iu* nur ganz vereinzelt. Über die Bedeutung dieses *iu* vgl. oben Abschn. IV 2 a *a*.

b. Konjugation.

Verbum «scin». Inf. *wesen* 21 und *sîn* 50. 55. — *sîn* ist jünger als *wesan*, ist aber bei Otfrid schon ebenso häufig als dieses und hat bei Notker das Übergewicht. Braune § 378 Anm. 2. Die 1. 2. pl. zeigen die Optativformen *sîn, sît* überall.

Die 3. pl. lautet *sint* 132 und 136; von zweifelhafter Entstehung ist die Form *sin* 134, deren Bedeutung die des Ind. ist. Es ist wol ratsamer, Apokope des *t* zu konstatieren, von der oben (Abschn. IV 2 b *d*.) bereits 1 oder 2 Beispiele angeführt sind, als an die Einführung einer Optativform in den Ind. zu denken, wie sie im md. belegt ist (Weinh. Gr. S 383 Schluss).

haben : hân. Von *haben* ist neben 4 unkontrahierten Formen des prs. ind. und des inf. (alle ausserhalb des Reimes, eine als Hülfszeitwort) nur 1 kontrahierter Infinitiv *hân* im Reime *getân : hân : gân* 187 erhalten. Diese zusammengezogene Form ist nach Braune § 368 Anm. 4 erst seit dem 11. Jh. üblich, besonders im bair. des 11. Jhs.

wellen, wollen. Bemerkenswert sind nur die Parallelformen *wolt* 57 und *welt* 83 der 2. pl. Im 12. und 13. Jh. sind die Formen mit *o* die im md. (frä.), die mit *e* die im obd. durchaus gewöhnlichen. Erst gegen Ende des 13. Jhs. finden sich die *o*-Formen auch im bair.-alem. Braune § 385 Anm. 4; Weinh. Gr. § 421. — Nach Piper ist 57 das *o* in *wolt* aus *e* korrigiert.

mac. Von *mac* finden sich im pl. und conj. nur die dem obd. und md. gemeinsamen Formen mit *u* (*muget* 2. pl. 46. 76; *mugen* 121. 127), nicht die dem obd. allein angehörenden mit *r*.

Zusammenstellung der dialektischen Merkmale.

Nach dieser Feststellung der verschiedenen Sprachformen stelle ich aus denselben zusammen, was auf einen besonderen

Dialekt des Denkmals in der uns vorliegenden Gestalt schliessen lässt, und sondere dabei allgemein obd., bair. und md. Eigentümlichkeiten.

a. obd. Besonderheiten.

Die weitgehende Tonschwächung des *e* auch nach langer Stammsilbe z. B. *loſt, ewgen.*

cho, chu = *que, qui.*

Stand der Lautverschiebung siehe bei den Gutturalen.

b. bair. Besonderheiten.

1 mal *ei* für *î.*
1 mal *ou* für *û.*
3 *ai* und 3 *œi* neben 32 *ei.*
1 mal *eu* für *iu* und 1 mal *ew* für *iw.*
Bezeichnung des Zwischenlautes beim Svarabhakti durch *i.*
die unumgelautete Form des *aw*-Stammes *frout.*
Apokope des Flexions-*e* auch nach langer Silbe: *arzât[e]* u. s. w.
ch für *g* im Auslaut überall.
Festhalten des *t* in *nt* z. B. *sunten.*
sunne als msc.

c. md. Besonderheiten.

9 *i* neben 34 *ie.*
1 mal *u* für *iu* (dieses sehr häufig).
5 mal *u* neben 20 *uo.*
4 *ê* neben 5 *æ* als Umlaut von *â.*
15 *b* im Anlaut (= urgerm. *b*) neben 1 *p.*

d. Auf Abschrift einer m d. Vorlage durch einen obd.-bair. Schreiber kann deuten:

Die Korrektur *wolt* aus *welt* (nach Piper) 57.
1 mal *ie* für *i.*
1 mal *ie* für *î.*
Vielleicht die Schreibung *chan kan* 118.

e. Umgekehrt würde auf einer Abschrift einer obd.-bair. Vorlage in's gemein-mhd. beruhen können:

die Korrektur *ev* aus *iv* 56 (sonst überall *iu*).
Weitaus der grösste Teil der dialektischen Besonderheiten, welche das Gedicht in unserer Hs. zeigt, weist auf oberdeutsches, und zwar bairisches Sprachgebiet. Noch bestimmter deuten die

Übergänge *ei : ai*, *î : ei*, *û : ou*, *iu : eu* auf den bair. Dialekt der späteren Zeit des 12. Jhs.

Gegenüber diesen Abweichungen vom gemein-mhd. treten die Spuren des md. Dialektes ganz zurück. Gleichwohl lassen sich die nicht seltenen *i* für *ie*, vor allem aber das nach Piper durch Korrektur gestützte *wolt* (2. pl. prs.) nur aus dem md. erklären.

Wie diese md. Spuren, besonders die Korrektur, zu erklären sind, wage ich nicht zu entscheiden, zumal deshalb nicht, weil unmittelbar vor dieser Verbesserung 56 nach Diemers Angabe sich eine Korrektur in direkt entgegengesetztem Sinne findet: *ev* (bair. des 12. Jhs.) für *iv* gesetzt.

Noch schwieriger wird die Erklärung der md. Dialektformen, wenn wir aus den Reimen, besonders aus denjenigen stumpfen Reimpaaren, die aus einer Stamm- und einer Endungssilbe bestehen, den ursprünglichen Dialekt, d. h. die Mundart des Dichters selbst, zu bestimmen suchen. Vgl. die Einzelheiten unten in dem Abschnitte über den Reim. Wir werden durch den Reim auf folgende Formen geführt:

> *triwun* dat. pl. st. a-fem.
>
> *lebendiz* st. ntr. nom,
>
> *gehailan*
> *miffetroſtan* } sw. v. I inf.
> *chundin*
>
> *gemarterot* sw. v. II ptc. prt.

Den meisten Anhalt gewähren die Formen die inf. sw. v. I auf -*an* (sonst -*en*); vgl. Braune ahd. Gr. § 58 Anm. 3: »Die kurzen und langen *e* der Endsilben zeigen im spätern bairisch (10. und 11. Jh.) eine starke Neigung, in *a* überzugehen«.

Über die Form -*in* derselben Endung vgl. ebenfalls Braune § 60 Anm. 1: »Das schwache *i* der Endsilben .... ist in der spät-ahd. Zeit auch in Oberdeutschland nicht selten. Vielfach in bairischen Quellen . . . z. B. Wiener Notker, Merigarto u. a.« — Darnach ist auch die Form *lebendiz* im bair. heimatsberechtigt.

Der dat. pl. der st. fem. der *a*-Klasse auf -*un* findet sich ebenfalls in rein bairischen Denkmälern belegt z. B. Psalm 138 (Wiener Hs. vom Ende des 10. Jhs.) MSD XIII 34 = Braune ahd. Lesebuch S. 143,32 *ginâdun* und *êuun*.

Die ptcc. prt. der sw. v. II auf -*ot* finden sich sogar in mhd.

Zeit noch in volkstümlichen Dichtungen und sind allen Dialekten geläufig, also auch dem bairischen.

Das bairisch-österreichische ist somit ohne Zweifel die Mundart, in welcher unser Gedicht ursprünglich abgefasst wurde, und zwar geschah das, wenn wir das Nebeneinanderstehen der oben genannten inf.-Formen auf *-an* (10. und 11. Jh.) und *-in* (spät-ahd. Zeit) in Erwägung ziehen, wahrscheinlich im 11. Jh.

Wie es uns vorliegt, ist das Gedicht nach Diemer, Einl. S. V noch vor Ende des 12. Jhs. geschrieben. Da aber die Übergänge *î:ei, ei:ai* u. s. w. nach Weinh. Gr. § 105 auch erst in der 2. Hälfte des 12. Jhs. im bair. auftreten, so können diese Spuren der späteren bairischen Mundart nur durch den letzten Schreiber in das Gedicht hineingekommen sein; der letzte Schreiber, dessen Abschrift uns jetzt vorliegt, war also auch ein Oberdeutscher aus bairisch-österreichischem Sprachgebiet.

Der Dichter und wenigstens der letzte Schreiber der Wahrheit waren Oberdeutsche — und doch finden sich Spuren md. Mundart in derselben! Eine zuverlässige Erklärung wird man schuldig bleiben müssen. Die md. Anklänge sind zu gering, als dass man an eine Wanderung des Liedes aus bairisch-österreichischem Gebiet über das mittlere Deutschland in die südostdeutsche Heimat zurück glauben könnte. Vielleicht war der Schreiber von Geburt ein Mitteldeutscher und verband in seiner Sprache die Eigentümlichkeiten der Mundart seines späteren obd. Aufenthaltsortes mit Anklängen an seine Muttersprache zu einem eigenartigen Gemisch. — Möglich ist es endlich auch, dass ein bairisch-österreichischer Schreiber sich durch längere Beschäftigung mit md. Sprachdenkmälern, wie deren ja in der Vorauer Hs. 15 Spalten unmittelbar auf unser Gedicht folgen, an gewisse hervorstechende Besonderheiten ihrer Schreibung (z. B. *i* für *ie*) so gewöhnte, dass ihm dieselben beim Abschreiben auch anderer als md. Schriftstücke leicht in die Feder kamen.

V. Versbau.

Ich gehe bei der Besprechung des Versbaues der Wahrheit aus von der überlieferten Gestalt des Gedichtes.

1. Zahl der Verse.

Da finden wir zunächst durch Trennungspunkte die einzelnen Verse von einander geschieden. Im ganzen hat der Schreiber mit seiner Versteilung das Richtige getroffen; die Fälle, in denen er einen Punkt zu viel oder zu wenig gesetzt hat, sind die folgenden:

Es fehlt ein Trennungspunkt*):

48	hinter	*leidet*	104 hinter	*tach*
58	„	*willen*	116 „	*inne*
80	„	*tætet*	155 „	*genedich*
85	„	*gerihte*	183 „	*hare*

Es steht unberechtigter Weise ein Trennungspunkt:

74	hinter	*uerlivset*	121 hinter	*allez*
90	„	*blŭte*	168 „	*rew*

Nach Beseitigung dieser Versehen in der Abteilung der Verse zählen wir in unserem Gedichte im ganzen 183 Verse, von denen einer in der Lücke S. 89,3 (V. 144) verloren gegangen ist; erhalten sind uns also 182 Verse.

2. Länge der Verse.

Von diesen lassen sich ohne Schwierigkeit (mit höchstens 2-silbigem Auftakt, das irrationale *i* z. B. in *engelin* metrisch = *e* gefasst) als 4-Hebungsverse lesen:

---

*) Diese Angaben sind nach Piper, Z. f. d. Ph. XX 257 ff. gemacht; Diemer hat die Punkte mit wenigen Ausnahmen nur hinter dem Reimworte.

mit leichterem 3-silbigen Auftakt: 5
mit schwerem 3-silbigen Auftakr: 10

zus. 4.-Hebungsverse: 140

Von den übrigen 42 Versen hat keiner weniger als 4 Hebungen. Dagegen bestehen 2 Verse*) (*vil vreisliche* 19 und *unde leides* 38) aus nur 4 Silben, so dass mehrfach eine nebentonige Silbe unmittelbar hinter oder vor einer hochtonigen oder einer anderen nebentonigen Silbe den Verston trägt, wie es in der ahd. Zeit z. B. bei Otfr. I 2, 3 *fingar thinan* nicht ganz selten vorkommt.

Bei den 5-Hebungsversen sind die Ausgänge zu unterscheiden. Man**) hält nämlich die 5-Hebungsverse mit klingendem Ausgange für eine geringere Abweichung vom 4-Hebungsvers als die stumpf reimenden (vgl. aber Abschn. V 3 Schluss). Lassen wir wieder 3-silbigen Auftakt zu (schwerer findet sich nur 2 mal), so finden sich

5 Hebungen mit klingendem Ausgang: 15 mal
  „   stumpfem   „   17 „

zus. 5-Hebungsverse: 32.

Der Rest von 10 Versen verteilt sich auf
6-Hebungsverse: 18 f. kl, 69 st, 75 kl, 97 f. kl, 136 st; zus. 5
7-Hebungsverse: 44 f. st, 71 f. st, 78 f. kl, 95 f. st; zus. 4
nur mit 8 Hebungen lässt sich lesen 67 st.: 1

zus. Verse von mehr als 5 Hebungen: 10

3. Auftakt.

Über den dreisilbigen Auftakt habe ich zu bemerken, dass ich ihn leicht dann nenne, wenn er durch Elision, Verschleifung oder auf ähnliche Weise sich zweisilbig machen lässt. Als schweren habe ich den dreisilbigen Auftakt zugelassen, wenn jede der 3 Silben von sehr geringem Gewicht ist; in anderen Fällen nur dann, wenn die mittlere der 3 Silben am meisten betont ist. — Der grösseren Deutlichkeit wegen stelle ich hier alle Fälle von dreisilbigem Auftakt zusammen:

---

*) Ebenso habe ich 98 *in dem sinne* als besonderen Vers geschrieben, aber nur um es nicht mit dem vorhergehenden Verse zusammen als 6-Hebungsvers lesen su müssen; ich vermag nicht, die Schwierigkeit der Stelle zu heben.

**) Vgl. Vogt, Genesis und Exodus PB Btr. II 254.

leicht	schwer
58 *vnde er]volt*	2 *der von den] iuden*
60 *Des warne] ich*	90 *der ivch mit] finem*
99 *iz enge]tet nie*	91 *vnde iv di] miffetat*
139 *vnde er]werin*	119 *mit finen finnen*
150 *vnde in] machet*	121 *daz muge] wir*
159 *fwa er daz] horet*	183 *an ir ge]want*
160 *oder de]hein*	
164 *daz er uns] alle*	

2. vor 5-Hebungsversen.

leicht	schwer
40 *fwederes] uns* kl.	76 *ir muget] lihte* kl.
66 *er ne ift] idoch* st.	127 *fo muge] wir* kl.
80 *so ir ez] denne* kl.	
184 *vnde an] ir* kl.	

Sonst nur 1 leichter dreisilbiger Auftakt vor einem 7-Hebungs
vers 78 *unze ir] mit dem.*

Die oben gegebene Übersicht zeigt, dass die Anwendung
des 4-Hebungsverses in unserem Gedicht die Regel ist
(noch in der jetzigen Fassung), und dass wir 5- und mehr-
Hebungsverse als Ausnahmen zu betrachten haben. Dabei stellt
sich ferner heraus, dass die 5-Hebungsverse mit kl. Ausgang
(die mhd. klingenden 4-Hebungsverse) keineswegs häufiger sind
als die stumpf ausgehenden: 15 kl. neben 17 st.

4. Bau der Reimpaare.

Von diesen einzelnen Versen nun sind je 2, in Ausnahme-
fällen auch 3, durch den Reim mit einander zu Reimpaaren
verbunden. Bei Dichtungen in Reimpaaren ist es aber im All-
gemeinen Regel, dass die beiden durch den Reim aneinander
geschlossenen Verse gleich lang sind, d. h. die gleiche Zahl von
Hebungen haben. Erst mit der Ausbildung künstlicher Strophen
treten von dieser Regel Ausnahmen ein. Finden sich sonst
Abweichungen, so müssen sie wenigstens in irgend einer Weise
begründet sein, oder sie sind nicht für ursprünglich zu halten.
Betrachten wir unser Gedicht von dieser Seite, so finden wir
verbunden:

1. Verse mit gleicher Hebungszahl:
4·Hebungsverse: 115 (+ 2)
(ausserdem die Waise 20 und
der Vers vor der Lücke 143)
5·Hebungsverse: 6
(2 st. und 4 kl.)
                                        ─────────────
                                   zus. 121 (+ 2)

2. Verse mit ungleicher Hebungszahl:
4·Hebungsvers + 5·Hebungsvers: 38 (+ 1)
(ausserdem 185, der als 5·Hebungsvers mit
einem oben schon gezählten Reimpaare von
2 4·Hebungsversen einen Dreireim bildet)
4 + 6 Hebungen: 17–19 und 97–99   .   4
4 + 7 Hebungen: 77–79 . 94–96 .   4
5 + 6 Hebungen: 68 f. 75 f. 136 f. .   .   6
5 + 7 Hebungen: 43–45 . 70–72 .   .   4
5 + 8 Hebungen: 66 f.   2
───
Verse zu ungleichen Reimpaaren verbunden 58 (+ 1)

Also der dritte Teil aller Verse ist nicht zu Reimpaaren mit
gleicher Hebungszahl der Verse verbunden!

Eine Absicht des Dichters, ungleiche Reimpaare mit gleichen wechseln zu lassen, dürfen wir nicht voraussetzen, zumal
da sich kein Gesetz in diesem Wechsel spüren lässt. Auch ist
die Art der Ungleichheit eine verschiedene: bald ist der längere
Vers der erste des Reimpaares, bald der kürzere. Wir dürfen
dem Dichter nicht zutrauen, dass er Verse von ungleicher
Hebungszahl zu Reimpaaren verband; ich setze diese Ungleichheit, wo sie hervortritt, auf Rechnung der schlechten Überlieferung des Denkmals. Dass unser Gedicht sprachlich viel-
fältige Wandlungen erfahren hat, haben wir gesehen; sollte da
der Versbau desselben überall ganz unangetastet geblieben sein?
Und wir werden sehen, dass es an den meisten Stellen nur ganz
geringer Änderungen oder der Annahme von schon anderswo
beobachteten kleinen Freiheiten bedarf, um überall die Verse
eines Reimpaares auf die gleiche Hebungszahl zu bringen. Das
kann auf zweierlei Art geschehen: entweder wird der längere
Vers kürzer gemacht, oder der kürzere wenn es möglich ist)
mit mehr Hebungen gelesen.

Wir untersuchen zunächst, ob die 5·Hebungsreimpaare da,

wo sie stehen, eine innere Berechtigung haben. Von den drei überlieferten Verspaaren dieser Hebungszahl ist 15 f. das zweite, 126 f. und 175 f. sind die letzten Reimpaare eines Abschnittes. — Dass 2 5-Hebungsverse einen Abschnitt schliessen, ist in der Zeit des Überganges vom ahd. zum mhd., welcher ja unser Gedicht entstammt, eine durchaus gewöhnliche Erscheinung (vgl. Vogt, Genesis und Exodus PB Btr II 258). Darum empfiehlt sich immerhin der Versuch, alle Schlussreimpaare von Abschnitten mit 5 Hebungen zu lesen. Derselbe gelingt bei 11 f., bei 58 f. 80 f. 155 f. nur dann, wenn man wiederholt zwei Silben von z. T. recht verschiedenem Tonwert unmittelbar hinter einander den ·Verston tragen lässt z. B. 155 *gót dér ist só genédich.* Resultatlos bleibt der Versuch bei 25 f. 43 f. 138 f. 187 f., auch wohl bei 106 f. — Es würden somit 6 »für« 5 »gegen« gegenüberstehen; d. h. eine Regel dürfen wir nicht aufstellen, dass jeder Abschnitt mit 2 längeren Versen zu 5 Hebungen schloss. Dann ist es aber doch auch wohl ratsam, an der ungezwungenen Lesung aller Verse fest- zuhalten und geläufige 4-Hebungsverse nicht zu 5 Hebungen auseinanderzuzerren.

Dass ein 5-Hebungsreimpaar an 2. Stelle eines Abschnittes (wie 15 f.) eine besondere Bedeutung habe, wird niemand be- haupten wollen.

5. Folgerungen für die Textkritik.

Nach alle diesem hat der Dichter unseres Liedes keinen besonderen Zweck verfolgt, wo er Verspaare mit 5 Hebungen anwendete; und bei der geringen Zahl der zu Reimpaaren zu- sammengestellten 5-Hebungsverse (6) gegenüber den ebenso gebrauchten Versen von 4 Hebungen (115) sind wir wohl be- rechtigt, wo es sich um Ausgleichung eines 4- und eines mehr- Hebungsverses handelt, dieselbe auf Kosten des letzten vor- zunehmen und dem 4-Hebungsverse nur da mehr Hebungen zu geben, wo eine Verkürzung des längeren Verses durchaus unmöglich ist.

Vielfach — besonders um einem 5-Hebungsverse eine Hebung zu nehmen — bedarf es nicht erst einer Streichung: es genügt die Verschleifung zweier eng verbundenen unbedeu- tenden Wörter in der Senkung (freilich gegen Lachmann's Regel); oder will man es lieber Anwendung zweisilbiger Senkung nennen? So z. B. *geválle͡ wir* oder *lihte͡ ze.* Manchmal liegt auch die Synkope eines unbetonten *e* nahe, wie sie ja in der Schrift mehrfach ausgedrückt ist (z. B. *êwgen*); so vielleicht *dienet uns* 171.

Ich gebe im Folgenden eine Zusammenstellung der Änderungen, welche ich mir erlaubt habe, um aus längeren Versen solche von 4 Hebungen zu machen.

13 *diu heimôt* für *unser heimot*
    (es war schon V. 11 von der Heimat die Rede gewesen)
24 *tievil wol* für *tieuil uil wol*
27 *vil liebe* für *mine uil liebe*
40 *wúrde ze*
43 *geválle wir*
49 *leider er* für *leider ungerne er*
61 *gebiútet mir*
66 *sô lanch noch grôz* f. *so lanch noch so groz*
68 *âne wurzen unde saf* f. *ane wrzen vnde ane faf*
69 {*des gehuget* für *des gehuget wol*
    {*habet chraft* für *habet iwer chraft*
70 *deist* für *daz ifl*
75 vgl. die Anm. z. d. V.
76 *lihte ze*
80 *denne gerne* für *denne vil gerne*
86 *des tôdes* für *des grimmen todes*
87 *iemer* für *immer mêre*
112 *sul wir* für *sul wir in*
117 *wunde ge-* für *wnden ge-*
120 *múoze wir*
122 f. weitergehende Umstellung der Worte.
125 *vinden* für *danne uinden*
136 *allen genâden*
157 *heizet diu*
169 *unser tegelich* für *daz tægeliche*
171 *dienet uns*
175 *chumt* für *hvmt uns*
176 *mensch daz er*
179 *unt* für *unde*
182 *nôt lîden* für *di not leiden*
184 *geschúode ze*
185 *tunchet mich*

Von diesen Kürzungen ist auch eines der uberlieferten 5-Hebungspaare getroffen worden: 176 ergiebt sich nämlich die Lesung *der ménsch daȥ er* so natürlich, dass ich diesem Verse zu Liebe auch den vorhergehenden durch Streichung des *uns* auf 4 Hebungen gebracht habe.

Nach Einführung der oben angegebenen Änderungen in den Text würden in 23 Fällen aus ungleichen Reimpaaren von 4 und 5 Hebnngen gleiche zu 4 Hebungen werden; ebenso in einem Falle aus alter Verbindung von 5- und 6-Hebungsvers (68 f.); 2 mal werden 5- und 6-Hebungsverse zu 5-Hebungs-reimpaaren ausgeglichen: 75 f. und 136 f.; 1 mal wird (in dem oben namhaft gemachten Falle 176) ein 5-Hebungsreimpaar zu einem 4-Hebungspaare.

Damit haben wir sämmtliche Verse zu 5 Hebungen und 3 6-Hebungsverse in gleichen Reimpaaren untergebracht.

Die noch übrigen längeren Verse (zwei 6-, vier 7- und ein 8-Hebungsvers), lassen sich ohne Schwierigkeit in je z w e i 4-H e b u n g s-v e r s e zerlegen; nur der 8-Hebungsvers 67 würde nach Lach-mannschem Gesetze in der 1. Hälfte 5 Hebungen haben: *er múozé ze júngéſté*. Er scheint mir überhaupt in seinem ganzen Ausdruck zu breit; besonders das *ze ivngeſlc* sieht stark nach Interpolation aus. Streichen wir dieses, so brauchen wir nur für *sîner* das ebenso verständliche *der* zu setzen, um einen Vers von 4 Hebungen zu bekommen. — Die anderen längeren Verse: 18f. und 97f. von 6, 44f. 71f. 78f. 95f. von 7 Hebungen, habe ich alle in je z w e i 4-Hebungsverse zerlegt, zum Teil durch einfaches Absetzen der Schriftzeile: 44f. 95f., zum Teil unter Umstellung mehrerer Wörter: einmal, 18f., um einer Waise den Reim zu verschaffen, zweimal, um eine Art Dreireim herzustellen: 71f. und 78f.

6. Dreireim und Waisen.

Dieser D r e i r e i m (genauer: Verbindung eines Reimpaares mit einem überzähligen Halbverse, welcher bald reimt, bald reimlos ist) ist eine in der Übergangszeit vom ahd. zum mhd. in den poetischen Denkmälern oft gebrauchte Kunstform. Nach Vogt, Genesis und Exodus PBBtr. II 260 diente der Dreireim schon in früherer Zeit dazu, den S c h l u s s einer Strophe zu kenn-zeichnen, konnte aber, wenn auch seltener, auch i n n e r h a l b der Abschnitte vorkommen. Hervorgegangen ist dieser Gebrauch aus der Form der verlängerten Schlusszeile: war diese bis auf

8 Hebungen angewachsen, so wurde sie durch eine ständige Cäsur in zwei 4-Hebungsverse geschieden, von denen der erste zunächst nicht zu reimen brauchte: so in der Moroltfstrophe.

In unserm Denkmal finden sich nur 2 Beispiele des Dreireims überliefert, je eines am Schluss und im Innern der Versgruppe, das letzte nahe dem Ende des ganzen Gedichtes: 138ff. *heile : helle : urteile* und 185ff. *getân : gân : hân.* — Der einzige reimlose Vers, der überliefert ist, 20, ist nicht als Vorschlag des 2. Verses in einem Reimpaare aufzufassen in dem oben angedeuteten Sinne: er steht nicht zwischen 2 Reimversen, sondern vor dem ersten, ausserdem in der Mitte eines Abschnittes. Durch eine Zweiteilung des vorhergehenden Verses und eine leichte Umstellung der Worte desselben findet diese Waise den ihr entsprechenden Reim.

In der überlieferten Form unseres Gedichtes findet sich kein Beispiel eines zwischen die Verse eines Reimpaares eingeschobenen reimlosen 4-Hebungsverses. Wohl aber gehen solche Beispiele hervor aus der Spaltung der überlieferten längeren Verse (s. oben Abschn. V 5 Schluss):

77ff. *lange : tôde : bevangen*
94ff. *gezalt : helle : gewalt*
43ff. *tôt : mêr : gemarterôt*
70ff. *leit : herfet : arebeit* (es ist nicht wahrscheinlich, dass der Dichter in der 2. Silbe von *herfet* — auch in der alten Form *-it* — einen Reim auf *-eit* sah).
66f. *groz : ivngefte : bloz.*

Von allen diesen Beispielen bilden nur die Verse 43ff. den Schluss eines Abschnittes: hier ist es unmöglich, einen Dreireim herzustellen; auch eine Streichung bis auf 4 Hebungen kann nicht vorgenommen werden. — 77ff. hat in der Versgruppe nur ein Reimpaar hinter sich, steht also an derselben Stelle des Abschnittes wie der Dreireim 185ff. Diese Übereinstimmung erscheint jedoch als zufällig, wenn man überlegt, dass noch 2 Beispiele ausser diesem auf den Abschnitt 60–81 fallen. — Durch Umstellung und kleinere Änderungen lassen sich in 2 Fällen Reimverse zu Stande bringen, welche dann, zum folgenden Reimpaare geschlagen, einen Dreireim schaffen:

77ff. *lange : bevangen ; tôde : tœtet : spête*
und 70ff. *leit : arebeit ; dumben : plinten : stunde.*

Vgl. den hergestellten Text. — Bei 43 ff. und 94 ff. sehe ich keine Abhilfe; 66f. lässt sich durch Streichung in der oben angegebenen Weise (Abschn. V 5 Schluss) in einen 4-Hebungsvers verwandeln und bildet dann mit dem zunächst vorhergehenden Verse ein einfaches Reimpaar.

7. Versgruppen.

Die Versgruppen sind, wie in den meisten geistlichen Dichtungen der Übergangszeit, von ungleicher Grösse. Nach der überlieferten Abteilung in Reimverse (jedoch mit Berichtigung der Abschn. V 1 angegebenen Irrtümer) enthalten die verschiedenen Abschnitte der Reihe nach

12 13 18 14 20 24 20 13 15 20 13

Verse. Eine besondere Regelmässigkeit lässt sich in dem Wechsel der Verszahl — auch in der hergestellten Form — nicht wahrnehmen. Das Ende der einzelnen Abschnitte fällt allemal mit einem gewissen Abschluss des Gedankens zusammen.

8. Reim.

Ich gehe auch bei der Besprechung des Reimes aus von der Bezeichnung der Versenden in der Handschrift unter Berücksichtigung der Abschn. V 1 angegebenen Versehen.

In den 182 Versen des Gedichtes finden sich 89 Reimverbindungen, darunter 2 (138-140 und 185-187) je 3 Verse umfassend. 2 Verse stehen in der überlieferten Gestalt allein: 143, dessen Parallelvers eine Lücke der Handschrift weggenommen hat, und 20, für den der entsprechende Reimvers im vorhergehenden Verse versteckt liegt.

Wir betrachten zunächst die

a. stumpfen Reime,

da bei ihnen die Wahrscheinlichkeit einer reinen Überlieferung auch über mehrere Schreiber hinweg die grösste ist.

α. Zwei Stammsilben reimen.

Auszuschliessen sind vorerst die Fälle, in denen eine Stammsilbe auf eine Flexionssilbe (z. B. *fun: triwen*) oder 2 Flexionssilben auf einander (z. B. *gedurften: gevriefin*) reimen. Mit dieser Beschränkung finden sich 32 stumpfe Reimpaare, darunter 4, bei denen der stumpfe Reim durch Verschleifung zu stande kommt: 46 f. 86 f. 112 f. 159 f.*)

Genau reimen unter den 32 stumpfen Reimpaaren: 21. Mitgezählt ist 86 f., obgleich ursprünglich die Vokale der letzten Silben ungleich sind: *bechoren* (*-ên -ôn*): *verloren* (*-an*). — Ausserdem muss hinzugefügt werden mindestens eines der beiden Reimpaare 50 f. *fin: trehtin* und 161 f. *fin: trehtin*. Es würde aber durchaus nicht unstatthaft sein, für die Zeit des Überganges, in welche unser Gedicht fällt, ein Schwanken der Quantität in der 2. Silbe von *trehtin* anzunehmen; damit würden die genannten Reimpaare beide als genau zu betrachten sein, und das Verhältnis der genauen zu den ungenauen stumpfen Reimen würde sich ändern in 23 : 9.

. Von den 9 Reimen stellen eine leichtere Art der Ungenauigkeit dar:

1. die, welche sich nur durch die Quantität des Vokals unterscheiden: **2**, beidemal *getan : man* 128 f. und 179 f.
2. die, welche auf denselben Vokal ähnliche Konsonanten folgen lassen: **5**.
   a. im ersten Reimwort ein Konsonant, im zweiten derselbe Konsonant mit noch einem anderen: **3**:

   ungewis : chrifl 11 f.
   fun : grut 33 f.
   faf : chraft 68 f.

   Im 1. Beispiel darf *chrifl* zur Entschuldigung der Ungenauigkeit wohl das Recht des Eigennamens für sich in Anspruch nehmen; beim 3. ist es fraglich, ob der Dichter nicht die Form *faft* gebraucht hat.
   b. in beiden Reimworten liqu. + muta, die liquidae gleich, die beiden mutae derselben Stufe (med., ten.), aber verschiedenen Organen angehörend: **2**:

*) 151 f. ist *fwære* in *swâr* zu ändern. — In zwei Fällen ist in dem einen Reimwort das Suffix *-e* des dat. sg. apokopiert: 33 f. *fun : grut* f. *grunde* und 94: 96 *gezalt : gewalt* f. *gewalte*. Vgl. darüber MSD XLVI 40 Anm. Zweimal führt diese Apokope zur Verbindung eines stumpfen und eines klingenden Reimverses: 110 f. ist der klingende Reim wahrscheinlich: *harte : êwart[e]*; darum wird er wohl auch 165 f. vorzuziehen sein: *winde* (f. *wint*): *kinde*. Es wird auch wohl nicht statthaft sein, 97-99 die Apokope mit Vereinfachung der Doppelkonsonanz zu verbinden, um dieser schwierigen Stelle einen plausiblen Reim abzugewinnen: *in dem fin* (f. *finne*): *chint*.

fagen : *haben* 159 f.

wart : *erflarp* 177 f.

Grössere Ungenauigkeit zeigen nur **2** Reime, die Schlussreimpaare der beiden vorletzten Versgruppen: *genedich* : *lip* 155 f. und *gebot* : *gefunt* 175 f.; eine gewisse Ähnlichkeit lässt sich aber auch hier nicht verkennen: in der ersten Reimverbindung derselbe Vokal, nur in verschiedener Quantität, in der zweiten derselbe Endkonsonant.

In allen diesen stumpfen Reimpaaren geht also nur einmal die Ungenauigkeit so weit, dass 2 nicht nur ihrer Quantität, sondern auch ihrer Art nach verschiedene Vokale einander im Reim gegenüberstehen; im Übrigen finden wir einen überraschenden Grad der Genauigkeit.

β. Eine Stammsilbe reimt mit einer Flexionssilbe.

Nachdem wir diesen Teil der stumpfen Reimverbindungen auf seine Genauigkeit hin geprüft haben, können wir zur Betrachtung derjenigen stumpfen Reime übergehen, in denen eine Stammsilbe mit einer Flexionssilbe zusammengestellt ist. Wir zählen solcher Verbindungen 7.[*]

Nach den verschiedenen Wortklassen, deren Flexionen vorkommen, zusammengestellt finden sich:

Deklination:

    st. f. (*a*-Stamm) dat. pl. *fun* : *triwen* 102 f. . . -*un*

    Adj.-flex. st. ntr. nom. sg. *ift* : *lebendez* 171 f. . . -*iz*

Konjugation:

    sw. v. I inf   *enhæin man* : *gehailen* 118 f. . . -*an*

                nchein man : *miffetroften* 145 f. . -*an*

                 fin : *chundin* 3 f. . . -*in*

    „ „ II ptc. prt.   *got* : *gemarterot* 1 f. . . -*ot*

                 tot : *gemarterot* 43 f . . -*ot*

In den 3 letzten Fällen bietet die Handschrift noch die älteren, dem genauen Reime entsprechenden, volleren Endungen; in den übrigen müssen dieselben in der angegebenen Weise eingesetzt werden.

---

[*] Wo die Flexionssilbe so weit von der Stammsilbe abweicht, dass ein Reim in der jetzigen Gestalt dieser Endungssilbe für unser Gedicht nicht zulässig erscheint, muss man auf eine ältere Form der Endung zurückgehen, welche dem Ausgang der betr. Stammsilbe gleich oder wenigstens in erlaubtem Grade ähnlich ist.

γ. Zwei Flexionssilben reimen.

Der Rest der stumpfen Reimpaare zeigt zwei Flexions.
silben mit einander durch den Reim verbunden. Unter diese
Abteilung würden zu rechnen sein:

> uerdienent : cherint   17f.
> liebes : leides   37f.
> gedurften : gevriefin 130f.

Da jedoch eine gewisse Ähnlichkeit der vorletzten Silben es bei
einigen dieser Stellen zweifelhaft erscheinen lässt, ob sie als
stumpfe oder als klingende Reime anzusehen sind, so untersuchen
wir vorher die klingenden Reimpaare unseres Gedichtes, auch
hier von den strengsten Formen ausgehend, um zu erkennen,
wie weit im einzelnen Freiheiten erlaubt sind.

Die Zahl der

b. klingenden Reimpaare

beträgt, mit Ausschluss der 3 zuletzt genannten Stellen: 46.*)

α. Die Reimteile der vorletzten Silben sind gleich.

Streng richtig sind diejenigen klingenden Reime, in
denen ausser dem reimenden Bestandteile der Stammsilbe auch
die Flexionssilbe in älterer Form (mit vollem Vokal) in beiden
Reimworten gleich ist, z. B. ente : ellente 25f. Solche strengen
Reime sind selten, im ganzen 8: 25f. 29f. 48f. 54f. 60f. 138:
140 (die beiden äusseren Verse eines Dreireimes). 165f. (wo
winde zu schreiben ist). 183f.

Von diesen 8 Fällen sind diejenigen zu unterscheiden, in
welchen bei gleichem Reimteile der vorletzten Silben
die Endungssilben nur in der jüngeren Form (mit irrationalem e) gleich sind. Ihre Zahl kommt der der vorigen gleich:
8. (Eingeschlossen ist 110f. mit der Herstellung Diemers êwarte
statt des handschriftlichen ewart.) Sie finden sich:

> 7f. alten (-on) : behalten (-an)
> 75f. citen (-in, -en) : biten (-an)
> 110f. harte (-o) : ewarte (-e)
> 122f. buchen (-on) : fuchen (-en)
> 124f. binden (-ôn) : uinden (-an)
> 149f. wnden (-ôn) : gefunden (-en, -ên)

---

*) Der Reim finne : chint 97-99 ist wegen Verderbtheit der Stelle nicht
unterzubringen.

153 f. *riwen* (*-ên, -ôn, -en*) : *triwen* (*-ôn, -on*)
167 f. *getriwen* (*-ên*) : *riwen* (*-ôn-, -ên, -en*).

Wie aus den verschiedenen angeführten Formen von *riwen*
hervorgeht, darf man eines der beiden letzten Beispiele der
vorigen Klasse zuzählen; da wir aber nicht wissen können,
welche Form dem Dichter genehm war, so habe ich beide Fälle
hier aufgeführt. — Im Übrigen sind die Vokale der Endungen
so verschieden — und in keinem Dialekt würde eine grössere
Annäherung derselben aneinander in der vollen Form möglich
sein —, dass wir es mit Berücksichtigung der oben für die
stumpfen Reime beobachteten Regeln für unmöglich erklären
müssen, dass der Dichter auf ihnen allein den Reim aufbaute.
Unbekannt konnte dem Dichter die Verschiedenheit der alten
vollen Endungen nicht sein, da er diese in anderem Zusammenhange selbst im Reime gebrauchte; sie entzog sich nur seinem
Blicke, weil er sein Hauptaugenmerk auf die vorletzte Silbe
richtete, die ihm schon für die Trägerin des Reimes galt.

In demselben Grade aber, wie die vorletzte Silbe bei der
Bildung des klingenden Reimes alle Aufmerksamkeit auf sich
zog, wurde die Endsilbe vernachlässigt: zu der Verschiedenheit
der Vokale trat die Ungleichheit der Konsonanten; es trat eine
dritte Klasse klingender Reime hervor: nur die Reimteile
der vorletzten Silben sind gleich; die Flexionssilben
sind auch in geschwächter Gestalt verschieden. Auch
unser Gedicht liefert zu dieser Klasse Beispiele, z. B. *richen*:
fraisliche 5 f; zufällig beschränkt sich bei ihnen allen die Verschiedenheit der Flexionen darauf, dass sie in dem einen Reimwort aus blossem *-e* (*i*), im anderen aus *-e* (*i*) mit einem aus-
lautenden Konsonanten bestehen. Die **10** Stellen, an denen ein
solcher Reim vorkommt, sind 5 f. 9 f. 15 f. (*paradifus : gewiset*
vgl. oben Anm. z. d. V.). 39 f. 77 : 79 (durch eine Waise getrennt).
80 f. **82** f. 116 f. 141 f. 173 f.

Damit ist die Zahl derjenigen klingenden Reimpaare er-
schöpft, welche in der vorletzten Silbe genau reimen. Es liessen
sich nachweisen **26**, reichlich die Hälfte von den 46 klingenden
Reimen des Gedichtes.

β. Die Reimteile der vorletzten Silbe sind nicht gleich.

Es fragt sich nun, ob wir berechtigt sind, die **20** anderen,
nicht unter den stumpfen aufgezählten Reime klingend zu nennen.

Wir haben zu untersuchen, in welche der beiden letzten Silben
der Dichter den Reim hineinlegen wollte: fällt er auf die erste
Silbe, so haben wir einen klingenden, andernfalls einen stumpfen
Reim vor uns.

Beginnen wir mit denjenigen Reimverbindungen, welche
am ersten für stumpf gelten könnten, da sie allen Erfordernissen
eines genauen stumpfen Reimes entsprechen: es sind dies die
Reimpaare, deren Endsilben auch in voller Form genau
gleich sind, z. B. 41 f. *gehaizzen* (*-an*) : *lazzen* (*-an*). Folgende
6 Beispiele sind hier zu nennen:

41 f.	*gehaizzen* : *lazzen*	(*-an*)
52 f.	*dievel* : *zviuel*	(*-al*)
62 f.	*lande* : *walde*	(*-e*)
90 f.	*chvͮfte* : *abflofte*	(*-a*)
92 f.	*iordane* : *ze ware*	(*-e*)
106 f.	*gedienot* : *gelonot*	(*-ot*).

Diese Reime gehören (mit einer Ausnahme: 92 f.) einer Art an,
welche von Vogt PB Btr. II 238 als eine anscheinend sehr be-
liebte unter den auf dem Tiefton ruhenden Reimen besonders
hervorgehoben wird: es reimt auch der Anfangskonsonant der
Flexionssilbe mit. Ich möchte diese Form des Reimes lieber
nicht als Unterart des Reimes der tieftonigen Silben, also des
stumpfen Reimes, ansehen; nach meinem Gefühle kommt diese
Gleichheit des Anfangskonsonanten der tieftonigen Silben —
den man mit gleichem Rechte den Endkonsonanten der hoch-
betonten nennen kann — bei jedem anderen als buchstabierenden
Lesen mehr der vorletzten als der Schlusssilbe des Wortes zu
gute. Solche Reimformen, wie sie von Vogt am Schluss der
Seite als Belege für das Bestehen dieser Sonderart beigebracht
werden, lassen sich nicht unpassend als rohe Urformen des klingenden Reimes auffassen.

Von den oben aufgezählten Reimpaaren haben 2 ausser
dem gleichen Endkonsonanten des Stammes auch noch gleichen
Vokal; nur der zweite Konsonant ist verschieden: 62 f. und 90 f.
(wo *choufte* : *abvloucte* zu lesen ist). Diese passieren also ohne
weiteres als klingende Reime, auch 52 f. wird mit Rücksicht auf
die Ähnlichkeit der Laute *i* und *ie* als klingend anerkannt
werden; ebenso 92 f. *iordane* : *ze ware*, weil in der Stammsilbe
die Vokale gleich und die dieselbe schliessenden Konsonanten

übereinstimmend liquidae sind. – Darnach werden wir auch den beiden andern Verbindungen 41 f. und 106 f. den Namen klingender Reimpaare nicht vorenthalten: Länge und Schlusskonsonant der Stammsilbe ist ihnen ja gemeinsam. Zur Verschiedenheit der Stammvokale vergleiche man unter den stumpfen Reimpaaren, die Vogt a. a. O. S. 243 aus der Genesis anführt, 34,20 *Abraham : oheim* und 54,1 *Jacob : Joseph.*

Unter den übrigen nicht stumpfen Reimpaaren giebt es 5, deren Flexionssilben wenigstens in der vorliegenden Gestalt (mit irrationalem *e*) gleich sind. Von den Stammsilben dieser Reimpaare haben denselben Vokal, aber verschiedene, wenn auch verwandte, Konsonanten 3:

> 21 f. *inne : grimme*
> 35 f. *wnden : funt[en]*
> 114 f. *ftralen : waren*;

nicht verwandt sind die Konsonanten in dem Reime:

> 126 f. *lieben : verdienen.*

Zwei von ihnen haben neben derselben Konsonantenverbindung verschiedene, zum Teil verwandte Vokale:

> 84 f. *līhte : gerīhte*
> 100 f. *willen : chollen* (für *chwellen*).

Im Anschluss an diese beiden Beispiele ist wegen des mittleren Verses auch zu nennen der Dreireim

> 138 ff. *heile : helle : urteile.*

Der Rest von 8 Reimzusammenstellungen zeigt überall ungleiche Endsilben, z. B. *liebe : liegen* 27 f. Drei von diesen Reimpaaren haben bei gleichen Vokalen oder Diphthongen ähnliche Konsonanten:

> 27 f. *liebe : liegen*
> 88 f. *fele : herren*
> 181 f., wo zu lesen *libe : liden.*

Weniger nahe stehen sich die Konsonanten in

> 163 f. *lieben : dienet.*

Gleiche oder fast gleiche Konsonanten, aber ungleiche Vokale zeigen die hochtonigen Silben der letzten 4 Reimverbindungen:

> 56 f. *ze ware : keren*
> 58 f. *willen : helle*
> 73 f. *plinten : ftunde*
> 132 f. *behutet : noten.*

Alle diese Reimpaare wird man unbedenklich den klingenden zuzählen.

Dagegen ist es nicht zulässig, den Reim auf die Stammsilbe eines Reimwortes zu legen, wenn sowohl Vokal als Konsonant verschieden sind. Aus diesem Grunde sind die 3 oben genannten Fälle

17f. *uerdienent : cherint*
37f. *liebes : leides*
130f. *gedurften : gevriefin*

als stumpfe Reimpaare zu bezeichnen. Es ist dann aber in den Verbalendungen bereits eine Schwächung der vollen Vokale zu *e* oder *i*, wie sie die Handschrift ja andeutet, vorauszusetzen.

Im Ganzen findet sich trotz der grossen Mannigfaltigkeit der Reime keine allzugrosse Freiheit. Unter den stumpfen Reimpaaren steht die Verbindung *gebot : gefunt* ganz allein da, und bei den klingenden ist überall das Gesetz gewahrt: bei ungleichem Konsonanten gleicher Vokal, bei ungleichem Vokal gleicher Konsonant.

Die Abschnitt V 5 Schluss besprochene Zerlegung der in der Handschrift abgeteilten Verse schafft einen neuen Reim 19f. *vreisliche : hellewize*, der nach der oben gegebenen Darstellung in unserem Gedichte durchaus zulässig ist. Dagegen sind die 5 anderen neu entstehenden Verse (44. 71. 78. 95. 97.) sämmtlich als reimlose Zwischenverse (Waisen) anzusehen.

c. Rührender Reim.

Der Vollständigkeit wegen sei auf den einzigen rührenden Reim in unserm Gedicht hingewiesen: *anelich : unfuntlich* 134f.

d. Allitteration der Reimwörter

(vgl. Vogt Beitr. II 249 f.) findet sich 2 mal:

liebes : leides 37f.
lībe : līden 181f.;

ferner zum Teil in dem Dreireim:

heile : helle : urteile 138f.

Ob der Dichter diese Allitteration als besondere Kunstform mit bewusster Absicht gebraucht hat (vgl. die sehr geläufige Verbindung *liep unde leit*), ist bei der geringen Anzahl der Fälle für unser Gedicht mindestens zweifelhaft.

VI. Inhalt und Darstellung.

———

Zum Schluss gebe ich im Anschluss an die verschiedenen Versgruppen eine kurze Übersicht über den Inhalt und Gedankengang unseres Gedichtes.

1. 1–12. Einleitung, der antiken Anrufung der Muse entsprechend: Gieb mir Vermögen, Gott, die Zukunft zu schildern!

2. 13–26. Unsere Zukunft kann sich doppelt gestalten: Himmelreich = Heimat; Hölle = Fremde.

3. 27–45. Vor der Hölle hütet euch! Ihr könnt es, da Christus für euch gestorben ist. Er hat uns eine freie Entscheidung möglich gemacht zwischen Angenehmem und Unangenehmen, d. h. zwischen Bösem und Gutem. (Aber er hat dabei versichert, er werde nicht noch einmal für uns leiden!)

4. 46–59. Ihr könnt mich für töricht halten, weil ich euch das Unangenehme empfehle; ihr könnt mich mit eurem Hasse verfolgen, weil ich euch verleide, was euch lieb war: trotzdem preise ich euch den Herrn Christus und warne euch vor dem Teufel, der seine Anhänger in die Hölle bringt.

5. 60–81. Christus, der mir gebot, euch zu warnen, ladet euch ein, in die Heimat zurückzukehren. Aber denket an eure Vergänglichkeit und verschiebt die Umkehr nicht so lange, bis es zu spät ist!

6. 82–107. Das ewige Verderben wartet euer, wenn ihr euch von dem Herrn lossagt. Er hat uns doch frei gemacht von der Hölle; er hat für uns getan, was nicht Eltern- oder Kindesliebe vermag. Dafür müsst ihr ihm doch ergeben sein. Wahrlich, es kommt eine Zeit, wo uns jeder Dienst vergolten wird, den wir ihm erwiesen haben.

7. 108–127. Wir sind wund, vom Pfeil der Sünde getroffen. Den Pfeil kann nur Gott herausziehen. Darum lasst uns zu seinen Vermittlern gehen, zu den

Ärzten (den Priestern), und sie bitten, uns in Behandlung zu nehmen. Sobald wir nur Gott aufsuchen,
heilt er uns und giebt uns das ewige Leben.
8. 128—140. Herrlich ist dieses ewige Leben! Darum
lasst uns darnach trachten und von der Hölle uns
fernhalten, so lange es Zeit ist!
9. 141—156. Freilich war Adams Fall schlimm für uns,
und mancher will verzweifeln ob seiner Sünde; aber
er tröste sich! Die Bibel lehrt: Gottes Gnade ist so
gross: auch dem grössten Sünder schenkt er das
ewige Leben, wenn er nur seine Sünde bereut.
10. 157—176. Dieses Lied heisst die Wahrheit. Es ist
dem Teufel zuwider wie jede Erwähnung Gottes, des
Gottes, der uns so reich segnet; Leben, Gesund-
heit und alle Güter hat er uns gegeben.
11. 177—188. Und trotzdem hat die Menschheit noch nie
so viel gegen Gott gesündigt durch Modenarrheit wie
jetzt. Das ist schlecht gehandelt. — Hier will ich
meine Mahnrede beschliessen; aber leid tut's mir
doch, dass so mancher in die Hölle kommen wird!

Dass unser Gedicht vollständig erhalten ist, zeigt nicht
allein die deutlich hervortretende Einleitung und die Schluss-
formel *Des râtes wil ich abe gân* 186, sondern auch die In-
terpunktion des Schreibers, der hinter V. 189 nach Piper das
Zeichen .; setzt, jedenfalls identisch mit den von Diemer, Einl.
Gedd. S. IV als Schlusszeichen eines ganzen Gedichtes bezeich-
neten .,. oder .;.. Auch die gegen Ende des Stückes häufi-
gere Verwendung der Abkürzungen (vgl. Abschn. IV 1 Schluss)
beweist, dass dem Schreiber eine bestimmte Anzahl von Versen
vorlag, und dass es ihm darauf ankam, diese auf dem ihm zur
Verfügung stehenden Raume unterzubringen.
    Den Inhalt des Gedichtes bezeichnet der Verfasser selbst
in den einleitenden Worten V. 6: *die chunft freisliche*, die
schreckliche Zukunft, die dem verstockten Sünder bevorsteht.
Es liegt dem Dichter aber nicht so sehr daran, die Qualen der
Hölle zu schildern (im Gegenteil: ausführlicher als über diese
verbreitet er sich über die himmlischen Freuden!), als vielmehr
seine Leser oder Hörer vor denselben zu behüten, indem er

sie auffordert, unverweilt den Weg der Sünde zu verlassen und sich der vergebenden Gnade des Herrn, der heilenden Hand seines Priesters anzuvertrauen. Darum nennt Scherer QF XII, 63 die Wahrheit mit Recht eine »Busspredigt in poetischer Form«. — Am Schluss findet sich ziemlich unvermittelt 177ff. ein Passus gegen die Putzsucht und die von der Kirche bekämpften Neuerungen in der Mode angeschlossen. Die Darstellung ist, dem Inhalt angemessen, lebendig: rhetorische Frage 82. 161. 163ff.; Unterbrechung der Rede 46. 82. 141; Benutzung sprichwörtlicher Sätze 71ff; sie ist aber nicht ohne poetischen Schmuck: statt einfacher Benennung eines Begriffes Aufzählung aller seiner Unterbegriffe, z. B. *daz wîp noch den man* 129, ähnlich 179; *ligendez unde lebendez* 172, ferner 130ff.; mehrfach mit der Eigentümlichkeit, dass die Aufzählung durch irgend einen Satzteil oder einen parenthetischen Satz unterbrochen wird, z. B. 4ff.

> *daz ich muozze chundin*
> *den armen unde den rîchen*
> *die chunft freislîche,*
> *den jungen joch den alten.*

Andere Beispiele 23ff; 181ff. — Nähere Bestimmung des Begriffs: *den got, der von den juden wart gemarterot* 2. *daz tieffe hellewize* 20. *der helle grunt* 34. *grimmer tôt* 79. *an der armen sêle* 88. und ähnliches. Ein Gleichnis 63ff.; Bilder 114 und 148. Gewöhnlich fasst der Dichter sich mit dem Publikum zusammen und gebraucht die 1. pl. *wir*; am Anfang der 3., in der 4., 5. und am Anfang der 6. Versgruppe stellt er sich seinen Hörern gegenüber und trennt *ich* und *ir*, vgl. Scherer QF VII 53.

An der Meinung, welche Scherer a. a. O. über den Stand des Verfassers äussert: dass er ein Geistlicher gewesen sei, wird festgehalten werden müssen, bis etwa eine neue Quelle andre Auskunft geben sollte.

Ob die von Scherer a. a. O. und Diemer, Anm. beigebrachten, von mir in den Anmerkungen aufgeführten Parallelstellen aus Karajans Hochzeit und dem Priester Arnold genügen, um gemeinsamen Verfasser oder Entstehungsort der Denkmäler zu beweisen, erscheint bei der Ähnlichkeit der Quellen, der Anschauungen und der Vorbilder der im 11. Jh. dichtenden Geistlichen sehr fraglich. Für das Bestehen einer derartigen Be=

ziehung zwischen Priester Arnold und Wahrheit würde aber die gemeinsame Überlieferung in einer Handschrift immerhin ein stützendes Moment sein. Vielleicht werden solche und ähnliche Fragen, z. B. die nach dem Verhältnisse der Wahrheit zu den Büchern Mosis, zu denen sie inhaltlich in gar keiner Beziehung steht, ihrer Lösung näher gebracht werden können durch eine gründliche Untersuchung der formalen Beschaffenheit der betreffenden Denkmäler, vor allem durch eine eingehende vergleichende Untersuchung der Reime und des Versmasses, wobei der Reim ja möglicherweise auch für die Dialektbestimmung der älteren Fassungen fruchtbar gemacht werden könnte.

Verzeichnis der benutzten Hülfsmittel.

J. Diemer, deutsche Gedichte des XI. und XII. Jhs. Wien 1849; citiert: Diemer Gedd., D. Gedd.

J. Diemer, Geschichte Josephs in Ägypten, deutsches Gedicht des XI. Jhs. nach der Vorauer Hds. mit Anm. Wien 1865 in den Berr. d. Akad. d. Wiss., philos. hist. Cl.

Denkmäler deutscher Poesie und Prosa aus dem VIII.–XII. Jh., herausgeg. von K. Müllenhoff und W. Scherer[2] Berl. 1873; cit.: MSD.

Notkers Psalmen, nach der Wiener Hds. herausgeg. von R. Heinzel und W. Scherer. Strassburg 1876.

W. Scherer, Geistliche Poeten der deutschen Kaiserzeit. QF I und VII.

W. Scherer, Geschichte der deutschen Dichtung im XI. und XII. Jh. Strassb. 1875 = QF XII.

Fr. Vogt, Genesis und Exodus in PBBtr. II 208–317.

Waag, Die Zusammensetzung der Vorauer Hs. PBBtr. XI.

Von grammatischen Hülfsmitteln nenne ich:

W. Braune, Althochdeutsche - Grammatik. Halle 1886; cit. BG (bis S. 32; ausserdem S. 33, Z. 12 v. o.; 6 v. u.; 34,13 v. o.: 35,1 v. u.); Braune (von S. 37 an).

K. Weinhold, Mittelhochdeutsche Grammatik[2] Paderborn 1883 = WG; Weinh. Gr.

— — Alemannische Grammatik. Berl. 1863 = WaG; AG.

— — Bairische Grammatik. Berl. 1867 = WbG; BG. (von S. 33 an; ausgenommen 33,12 v. o.; 6 v. u.; 34,13 v. o.; 35,1 v. u., wo BG = Braune, ahd. Gr. ist).

O. Erdmann, Grundzüge der deutschen Syntax, Abteil. I.
Stuttg. 1886; cit. Erdmann GS.

-- — Untersuchungen über die Syntax der Sprache
Otfrids. Halle 1874–76 = Erdmann OS.

R. Heinzel, Wortschatz und Sprachformen der Wiener
Notker-Handschrift = Berichte d. Wien, Akad.
d. Wiss., phil.-hist. Cl. 80,679 ff.; 81,203 ff.;
82,523 ff.

Ausserdem die gebräuchlichen Wörterbücher.

Was ich sonst von kleineren Abhandlungen gebraucht habe,
ist an den betreffenden Stellen namhaft gemacht worden.

Lebenslauf.

Der Verfasser dieser Arbeit, Johann Peter Detlev Eduard
Weede, ist geboren als Sohn des Bäckermeisters Eduard
Weede am 1. 4. 1864 zu Neustadt in Holstein. Er ist evange-
lisch-lutherisch getauft. Den ersten Unterricht erhielt er in der
Volksschule seines Geburtsortes. Ostern 1878 trat er als Unter-
sekundaner in das grossherzogliche Gymnasium zu Eutin ein,
das er Michaelis 1882 mit dem Zeugnis der Reife verliess, um
sich auf den Universitäten Kiel und München dem Studium· der
klassischen und deutschen Philologie, daneben der Geschichte
und Erdkunde zu widmen. Nach mehrmaliger Unterbrechung
des Studiums verliess er Ostern 1890 die Universität. Am
21. 2. 1891 bestand er die wissenschaftliche Staatsprüfung für Kandi-
daten des höheren Schulamts, am 1. 8. desselben Jahres das
Doktorexamen. Seit Ostern 1891 ist er Mitglied des pädago-
gischen Seminars am Gymnasium zu Kiel.

Für besonders freundliches Entgegenkommen fühlt er sich
den Herren Proff. Blass und Richard Förster (jetzt in Breslau), für die Durchsicht seiner Dissertation Herrn Prof. Oskar
Erdmann zu Dank verpflichtet; die erste Anregung zu dieser
Arbeit verdankt er Herrn Prof. Friedrich Vogt (jetzt in Breslau).

Thesen.

1. In den Gedichten des Albrecht von Johansdorf sind die Strophen MSF 91,22 und 29 mit den vorhergehenden 91,8 und 15 zu einem Gedichte so zu vereinigen, dass die Strophen in folgender Ordnung stehen: 91,22. 29. 8. 15. — Die Handschrift B ist unvollständig in der Überlieferung der Gedichte Albrechts.

2. In Goethes Gedicht ›Der Sänger« ist der Grundgedanke derselbe wie in Schillers Worten

»Es soll der Sänger mit dem König gehen,
Sie beide wohnen auf der Menschheit Höhen.«

3. Pindar. Isthm. 5,46 ist die Lesart der Hss. ξεῖνον ἐμόν festzuhalten. — In demselben Gedicht V. 72 ist mit Mommsen zu lesen φαίης κε Μένανδρον.

4. Es empfiehlt sich, auf der unteren Stufe der höheren Schulen den geographischen und den naturwissenschaftlichen Unterricht in eine Hand zu legen.

5. Für die Schüler höherer Lehranstalten ist der Gebrauch von Turnschuhen beim Turnen obligatorisch zu machen.

6. Beim Gerätturnen dürfen zweiseitige Übungen nicht so behandelt werden, dass die einzelnen Turner der Riege unter sich abwechselnd die der Vorturnerübung widergleiche und gleiche Übung ausführen: der Vorturner und nach ihm sämmtliche Turner haben die Übung erst einseitig und in einer zweiten Runde widergleich zu machen.